MOEWIG

EIN PLAYBOY TASCHENBUCH
IM MOEWIG VERLAG

PLAYBOY
ESPRIT

Arn Strohmeyer

DA LACHT SELBST DIE PARTEI

Flüsterwitze aus der DDR

MOEWIG

Umschlagillustration: Max und Franz Berthold
Umschlagentwurf und -gestaltung: Franz Wöllzenmüller, München
Verkaufspreis inkl. gesetzl. Mehrwertsteuer
Auslieferung in Österreich:
Pressegroßvertrieb Salzburg, Niederalm 300, A-5081 Anif
Printed in Germany 1981
Druck und Bindung: Ebner Ulm
ISBN 3-8118-6809-8

Inhalt

Vorwort

Jeder Witz ist eine kleine Revolution
(George Orwell)

Ein boshafter Zeitgenosse hat einmal gesagt, daß die DDR das langweiligste Land der Welt sei. Es sei dahingestellt, ob dem wirklich so ist. Ganz sicher ist die – offizielle – DDR aber der humorloseste Staat dieser Erde. Über-sich-selbst-lachen ist – gelinde gesagt – nicht gerade die Stärke der SED und ihrer führenden Funktionäre. Auch nach über 30 Jahren des Bestehens dieses Staates haben die drei Buchstaben DDR dort noch immer den Charakter eines Götzen. Man werfe nur einen Blick ins Zentralorgan der SED, das „Neue Deutschland". Lachen im Zusammenhang mit Politik wird im zweiten deutschen Staat zumeist als reine Blasphemie angesehen.

Wer an Macht gewinnt, verliert offensichtlich an Humor. Aber muß das so sein? Man könnte eine kühne Formulierung wagen und ganz unwissenschaftlich sagen (Politologen mögen diese unglaubliche Begriffsschlamperei verzeihen!): Die Souveränität eines Staates zeigt sich an der Souveränität seiner führenden Repräsentanten, über sich selbst, ihre Rolle und über das von ihnen vertretene System zu lachen. An diesem Maßstab gemessen, ist die Bundesrepublik ein ziemlich souveräner Staat: Schon Kanzler Adenauer lachte am liebsten über das, was der Volksmund über ihn witzelte. Und Helmut Schmidt ist ständig auf der Suche nach neuesten Witzen über sich und seine Regierung – nur wird er in den seltensten Fällen bei den Journalisten in seiner Umgebung, die sonst immer alles wissen, fündig. Genau das ist der springende Punkt: Warum gibt es in der DDR so unendlich viele politische Witze und bei uns so gut wie gar keine?

Werner Finck, der es eigentlich hätte wissen müssen, sagte einmal, daß der politische Witz zu seiner Existenz die politische Unfreiheit braucht. Und natürlich gilt auch das Gegenteil: Wo demokratische Freiheiten herrschen, hat der politische Witz keinen Nährboden. Die Bundesrepublik ist hierfür ein gutes Beispiel. Auch nach über 30 Jahren hat es dieser deutsche Staat nicht zu einem eigenständigen, typischen politischen Witz gebracht – eigentlich ein großes Kompliment für diese Republik. Noch immer muß sie sich in dieser Hinsicht mit zumeist krampfhaft aufgewärmten Nazi-Witzen begnügen, die allerdings mehr über ihren Erzähler als über die bundesdeutsche Realität aussagen.

Ganz anders in der DDR. Der Monopolismus des dort vorgeschriebenen politischen Glaubens, dessen Ausübung von den Kontrollorganen des Staates und der Partei so perfekt überwacht wird, macht jede offene Opposition und jede echte Kritik von vornherein unmöglich. Flüsterwitze, Zensur und Redeverbot sind immer das untrügliche Kennzeichen von geschlossenen Gesellschaften. Und doch haben es Staaten dieser Art bisher noch nie vermocht, die Mehrheit der Menschen in ihrem Machtbereich geistig völlig gleichzuschalten und sie zu einer Sinneswandlung nach ihren Vorstellungen zu bringen. Soll heißen: daß die Zunge nicht mehr das spricht, was das Gehirn denkt, sondern (umgekehrt) daß das Gehirn schließlich denkt, was die Zunge immer und immer wieder ausspricht. Daß die DDR-Oberen dies bisher nicht geschafft haben, beweist allein die Existenz des politischen Witzes, der sich genau den Freiraum nimmt, den „die da oben" ihren Untertanen unter gar keinen Umständen zugestehen wollen: Opposition und Kritik.

Das war zu allen Zeiten so und ist in der DDR nicht anders. Und doch ist es im Fall DDR schwieriger, denn dieser Staat behauptet von sich, all die großen Forderungen der Aufklärung und der Arbeiterbewegung für sich erfüllt zu haben und auf dem Wege zum vollkommenen Glück seiner Menschen zu sein. Freiheit, Gleichheit, Gerechtigkeit, Toleranz, Möglichkeiten zu Opposition und Kritik, Wohlstand? „Bei uns ist dies alles verwirklicht; es ist so selbstverständlich, daß man gar nicht mehr davon redet", würde jeder SED-Funktionär sagen und einzig die bösen Imperialisten dafür verantwortlich machen, daß es daran noch Zweifel gibt. Genau an diesem Punkt beginnt der politische Witz seine – im Sinne der Herrschenden – destruktive Wühlarbeit. Gnadenlos legt er die schwächste Stelle des ganzen mühsam errichteten ideologischen Gebäudes offen: den Widerspruch zwischen Anspruch und Wirklichkeit, zwischen Ideal und Realität, zwischen Theorie und Praxis, zwischen Wissenschaft und Ideologie. Die Menschen vergleichen die hehren Worte der ihnen vorgesetzten unumstößlichen Dogmen mit den grauen Erfahrungen ihrer Alltagsrealität. Und an den Widersprüchen und Gegensätzen, die hierbei zutagetreten, entzündet sich der beißende Spott des DDR-Witzes: Er demaskiert die Regierenden und entzaubert den falschen Ernst wie die angemaßte Würde ihrer unantastbaren Autorität; er entlarvt die ideologischen Phrasen in ihrer Hohlheit und Leere und stellt die hinter den bombastischen Wortschwall-Fassaden verborgene Realität in ihrer – oft brutalen – Nacktheit wieder her; er zerstört die trügerische Idylle vom ewigen Glück und der ewigen Harmonie, die angeblich nur vom bösen äußeren Feind gestört wird. Der politische Witz ist ein letztes Stück individueller Anarchie in einer übermächtigen, gleichgeschalteten und absolut gesetzten Ordnung – und deshalb ist er den Herrschenden so verhaßt. Er ist ein unbestechlicher Seismograph für die Seelenlandschaft eines Volkes; vor allem aber ist er auch ein Ventil für die Seele und verschafft Freiheit.

Jean Paul hat diese Zusammenhänge in die aphoristische Formel gefaßt: „Freiheit gibt Witz, und Witz gibt Freiheit", und damit vieles von dem vorweggenommen, was die moderne Wissenschaft über den Witz erarbeitet hat. Das heißt: Der politische Witz setzt die geistige Freiheit und Unabhängigkeit dessen voraus, der ihn in einer Atmosphäre der allgemeinen Unfreiheit erzählt oder anhört. Wer politische Witze erzählt, kann kein sturer Parteigänger sein. Wer seinen Mißmut und seine Kritik politischer Zustände in Witze kleidet, wahrt nicht nur Abstand zu „denen da oben", sondern er wird sich seiner Einstellung zu den Verhältnissen und ihren Trägern neu bewußt und gewinnt eine Position über den Dingen. Selbstaufklärung als Anfang von Aufklärung und Opposition. Und damit bestätigt sich auch der zweite Teil des Satzes von Jean Paul: Der Witz verleiht Freiheit.

Lachen ist eine Erfrischung der Seele. Lachen hilft über die Unbilden – auch des politischen – Lebens hinweg. Altmeister Freud hat diese schlichte Erkenntnis in seinem schon zum Klassiker gewordenen Werk „Der Witz und seine Beziehung zum Unbewußten" in die auch heute noch gültige Theorie gefaßt: Der geplagte Zeitgenosse möchte seine Aggressionen gegen die lieben Mitmenschen – auch die in hohen Regierungs- oder Parteiämtern – tätlich abreagieren. Konventionen und die Machtmittel der Gesellschaft hindern ihn aber an der Erfüllung dieses unfrommen Wunsches. Er muß seine Aggressionen also hinunterschlucken oder „verdrängen", wie Freud sagt, aber dieser Verzicht fällt dem Zeitgenossen ungeheuer schwer. Deshalb ersinnt seine Psyche eine List, den Verzicht doch noch rückgängig zu machen und in den Genuß zu kommen, dem ungeliebten Mitmenschen eins auszuwischen: Der tätliche Angriff wird in die geschickt getarnte Form des Witzes gekleidet. Der Witz ist also eine Ersatzhandlung, die Schlimmeres verhindert. Da nun die ganze psychische Kraft nicht mehr zur Verdrängung der Aggressionen benötigt wird, kann sie voll in das große befreiende Lachen entladen werden.

Keine Frage, daß dieser „tendenziöse Witz" – wie Freud ihn nannte – sich besonders gut eignet, „die da oben" der Kritik und Lächerlichkeit preiszugeben. Das erleichtert, löst Spannungen, läßt Druck besser ertragen und schweißt Gleichgesinnte – Gegner, Zweifler, Ungläubige eines Systems – fester zusammen. In diesem Sinn ist der politische Witz ein Stück öffentliches Gewissen, ein Stück Widerstandsbewegung: Der Witz ist die wirksamste Waffe des Schwächeren. Er vermag die Machtverhältnisse zwar nicht zu ändern, dreht aber für einen kurzen Moment die Macht des Faktischen um: Der Unterlegene besiegt durch Lächerlichmachen die Großen. Auch wenn die psychologische Befreiung, die der politische Witz verschafft, nur vorübergehend ist und alles zunächst so bleibt, wie es ist – die Reaktionen der Herrschenden über Jahrhunderte hinweg sind ein sicheres Indiz dafür, wie sehr sie diese Waffe fürchten. Mit drakonischen Mitteln und unerbittlicher Repression sind sie gegen dieses völlig unorganisierte und spontane Agitationsmittelchen Witz vorgegangen. Tragische Umkehrung der verfolgten Absicht: Je härter das Vorgehen gegen diese „Waffe", desto üppiger blühte der politische Witz – ein absurder Kreislauf, der die Morschheit so manchen politischen Systems in der Geschichte bloßgelegt hat. Die DDR-Regierenden stehen fest in dieser unrühmlichen Tradition. Sie lassen keine Gelegenheit aus, dem politischen Witz ein üppiges und langes Leben zu ermöglichen.

Der politische Witz hat die bisherige Geschichte der DDR ständig begleitet. Natürlich hat er parallel zu dem Auf und Ab der Geschichte viele Veränderungen durchgemacht. Zwei Witze mögen den Ausgangspunkt markieren:

Walter Ulbricht fragt Willy Brandt, ober er ein Hobby habe.

„Natürlich", sagt dieser, „ich sammle Witze, die die Leute über mich erzählen. Und Sie?"

„Bei mir ist es umgekehrt. Ich sammle Leute, die Witze über mich erzählen."

Oder:

Frage: „Was gibt es für neue politische Witze?"

Antwort: „25 Jahre Zuchthaus!"

Das war genau die Situation der ersten Nachkriegsjahre, als das Regime noch auf sehr wackligen Beinen stand und das Erzählen eines harmlosen Polit-Witzes zu Delikten wie „Boykott-" oder „Antisowjethetze" oder „Sabotage des sozialistischen Aufbaus" hochgeputscht wurde. Drakonische Zuchthausstrafen für „Verbrechen" dieser Art waren an der Tagesordnung. In dieser ersten Periode des DDR-Witzes dominierten Themen wie Antikommunismus, Antistalinismus, Hunger, Mangel, Reparationen, neue Ausbeutung, Verbot freier Meinungsäußerung usw. Sie dauerte bis etwa zum Bau der Berliner Mauer 1961. Dieses monströse Bauwerk und die Schließung der Grenze haben – so unmenschlich und paradox dies erscheint – die Konsolidierung des Staatswesens DDR und damit auch die zweite Periode des DDR-Witzes eingeleitet. Die am Ende der sechziger Jahre einsetzende Entspannungspolitik hat ein übriges getan, die Lage – auch in der DDR – wenigstens ein bißchen zu entschärfen. Die Menschen im zweiten deutschen Staat begannen sich mit ihrem ungeliebten System zu arrangieren und das Beste aus der Situation zu machen – was sich auch auf den Witz niederschlug. Zwar steht der im Untergrund entstandene Flüsterwitz in der DDR nach wie vor hoch im Kurs, ist er doch immer noch die einzige Form von wirklicher Kritik und Opposition. Aber er hat infolge der veränderten Lage ein bißchen von seiner scharfen „Anti"-Spitze und von seiner haßgeladenen Bissigkeit verloren.

Die Entspannung „entspannte" aber auch die Regierenden. Sie ließen nun schon mal fünf gerade sein und sahen nicht mehr gleich in jedem Witz eine Majestätsbeleidigung, für die der Staatsanwalt zuständig ist. Ja, bisweilen sollen sogar Parteifunktionäre schon mal über eine gekonnte Pointe gelacht haben. Und selbst im höchsten Entscheidungsgremium – dem Politbüro – soll schon so manches politische Witzchen die Heiterkeit der Spitzengenossen ausgelöst haben. Zynismus oder wachsendes Selbstbewußtsein der Herrschenden? Natürlich weiß man auch im Politbüro, daß Untertanen sich von Zeit zu Zeit mal Luft machen müssen, und deshalb drückt man bei dieser Form des Aufbegehrens neuerdings schon mal ein Auge zu – alles natürlich in den engen und labilen Toleranzgrenzen, die ein solches Regime aufbringen kann, das sich ständig um die Stützen seiner Macht sorgt und ständig zwischen Weltoffenheit und Abgrenzung hin und her schwankt. Die Toleranz mag den Regierenden in der DDR auch deshalb leichter fallen, weil in den letzten Jahren der Sachwitz an Zahl deutlich den Personenwitz übertrifft, als würden die Menschen damit zum Ausdruck bringen, daß den Funktionären „da oben" ohnehin die kantigen Profile fehlen und daß die ganz wichtigen Entscheidungen doch woanders fallen...

Um den Flüsterwitz aus dem politischen Untergrund nicht allzu üppig blühen zu lassen, bemühen sich die Herrschenden in der DDR seit jeher mit großem Aufwand und wenig Erfolg, dem „amtlich geförderten Witz" zu möglichst großer Verbreitung zu verhelfen. Zu diesem Zweck steht Regierung und Partei sogar ein eigenes

Organ, die Zeitschrift „Eulenspiegel", zur Verfügung. Diesen manipulierten, unechten und langweiligen Kunstprodukten geht die Spontaneität, der Einfallsreichtum und die Treffsicherheit des Flüsterwitzes ab. Brav kritisiert der „amtliche" Witz einige ausgewählte unerfreuliche Randerscheinungen des Systems, ohne es freilich auch nur entfernt in Frage zu stellen. Kritik an Mängeln der Planerfüllung oder der Bürokratie sollen dem Unmut der Bevölkerung ein kleines Ventilchen öffnen und zugleich die Richtigkeit und Überlegenheit des DDR-eigenen Systems beweisen. Natürlich besteht der „amtliche" Witz hauptsächlich aus Tabus: Die Säulen des Systems – und des Flüsterwitzes – nämlich Regierung, Partei, Militär und die Staatsgrenze, kommen nie vor.

Wie schmal der Grat des „offiziellen" Humors in der DDR ist, müssen die berufsmäßigen Witzemacher – die Kabarettisten – in ihrer täglichen Arbeit erfahren. Ihre Texte stehen ständig unter der Kontrolle von beflissenen Kulturfunktionären. So mancher Verantwortliche hat schon wegen eines Textes, der den Zensoren zu weit ging, den Hut nehmen müssen. Das „Neue Deutschland" hat im März 1978 die auch heute noch gültigen Richtlinien für den offiziellen – und natürlich auch den inoffiziellen – Humor in der DDR in geradezu klassischer humorloser Weise festgelegt. Über die Aufgaben des „Kabaretts mit Klassenstandpunkt" heißt es da: „Das Kabarett führt, getragen von der hohen Parteilichkeit des Kabarettisten und den Beschlüssen des IX. Parteitages und des 9. FDGB-Bundeskongresses, die immer bessere Beherrschung der Dialektik von politischem Bekenntnis und kabarettistischer Unterhaltung, die Einheit von parteilicher Position und auf Veränderung orientierter Kritik mit relativ hoher künstlerischer Qualität vor."

Das DDR-Kabarett steht also unter dem Motto: Lachen ja – Nachdenken nein! Verständlich, daß die Selbstzensur im DDR-Kabarett perfekt funktoniert. Fragen nach Ursachen und Wirkungen einzelner Mängel und Erscheinungen müssen strikt ausgeklammert werden. Was das DDR-Kabarett unter diesen Bedingungen dennoch leistet, nötigt Respekt ab.

Witze erfüllen in westlichen Demokratien so gut wie keine politische Ventilfunktion. Sie unterliegen eher Modeströmungen und haben zumeist nur Unterhaltungswert. Man lacht über Häschen, Ostfriesen, Schwule, Irre, Geistliche und – die DDR, ihre Funktionäre, ihr Wirtschaftssystem und ihre Versorgungsmängel. Warum sind DDR-Witze in der Bundesrepublik so populär? Gesamtdeutsches Interesse? Anteilnahme am Schicksal der Deutschen jenseits der Elbe? Oder haben Wohlstand und eine über 30 Jahre funktionierende Demokratie die Bundesbürger so überheblich und arrogant gemacht, daß sie nur noch von oben herab spottend auf die „Schwestern und Brüder“ drüben und ihr komisches und nie funktionierendes System hinabblicken können? Aus der sicheren Entfernung läßt sich gut spotten, und Wiedervereinigungsreden bleiben ohnehin auf den 17. Juni beschränkt.

Ein Buch mit DDR-Witzen steht deshalb in der Gefahr, solche Klischees und Vorurteile, die bis zur Entspannungsfeindlichkeit gehen können, auszubauen und zu verfestigen. Nichts lag dem Verfasser ferner, als hierzu einen Beitrag zu leisten. In den meisten politischen Witzen – und gerade in denen der DDR – kommt ein feines Gespür für jegliche Art von Unrecht an den Menschen zum Ausdruck. Schon aus diesem Grund können sie nie reaktionär sein. Sind DDR-Witze lustig? Ja und nein. Sie sind lustig und tragisch zugleich, oft sogar von einem bitteren Galgenhumor bestimmt. Der mag uns, die wir nicht hinter einer Mauer leben müssen, oft fremd anmuten.

Von West nach Ost fließt ein breiter Medienstrom; Fernsehen und Rundfunk geben den Menschen „drüben“ reichen Einblick in unser Leben. Sie wissen fast alles über uns. Unsere Maßstäbe sind ihnen – zum Kummer ihrer Herrschenden – weitgehend Vorbild. Und umgekehrt? Was wissen wir von den Landsleuten im anderen deutschen Staat, von ihren Sorgen, ihren Freuden, ihren täglichen Ängsten? Unsere Medien beschränken sich zumeist auf die Wiedergabe von Schreckensmeldungen: von der Grenze, von Versorgungsengpässen und drakonischem Vorgehen gegen Oppositionelle. Bittere deutsche Realität, aber ist es die ganze Realität?

Der politische Witz der DDR ist eine Reaktion auf diese Realität, er lebt von dem Widerspruch zwischen der welthistorischen

Idee des Sozialismus und ihrer kümmerlichen Deformierung im sowjetischen Herrschaftsbereich. Und natürlich vom täglichen Vergleich mit der allgegenwärtigen Bundesrepublik. Der politische Witz – und speziell der der DDR – ist also immer zugleich ein Stück gedeutete Zeitgeschichte. Er ist deswegen ohne den politischen und gesellschaftlichen Hintergrund des jeweiligen Landes nicht zu verstehen. So gesehen demonstriert das große Interesse an DDR-Witzen in der Bundesrepublik auch ein Stück deutsch-deutscher Gemeinsamkeit. Denn solange der Witzstrom von drüben anhält und hier auf offene und verständnisvolle Ohren trifft, können sich die Deutschen hüben und drüben noch nicht ganz auseinandergelebt haben. Der DDR-Schriftsteller Stefan Heym hat es einmal so ausgedrückt: „Die Unterschiede zwischen den beiden deutschen Staaten sind groß, aber sie sind nicht so groß, daß wir uns nicht mehr verstehen können." Das ist eine Hoffnung, und der Witz ist eine kleine Brücke dazu.

Zu Arroganz haben wir ohnehin keinen Anlaß. Denn Menschen, die ihre eigenen und die Schwächen des Systems, in dem sie leben müssen, in Witzen bloßlegen – die also zur Selbstkritik fähig sind –, zeigen, wie stark sie sind.

Die Vorzüge des real existierenden Sozialismus oder Die hehre Ideologie und die widerborstige Realität

Definition des real existierenden Sozialismus:
System zur Überwindung von Schwierigkeiten, die es ohne Sozialismus nicht geben würde.

Der real existierende Sozialismus besteht aus zwei Etappen: Die erste ist geprägt von den Schwierigkeiten des Wachstums, die zweite vom Wachstum der Schwierigkeiten.

Ist es richtig, daß die DDR mit Volldampf in den Sozialismus steuert?
Das ist richtig, nur werden 90 % vom Dampf zum Tuten verwendet.

Stimmt es, daß der real existierende Sozialismus alle Probleme lösen kann?
Eigentlich schon, aber die Art und Weise, wie er das tut, wird ein Problem bleiben.

Ist es in einem hochindustrialisierten Land wie der DDR möglich, den Sozialismus aufzubauen?
Natürlich, aber es wäre schade um die Industrie.

Sind die Errungenschaften des real existierenden Sozialismus in der ganzen Welt bekannt?
Leider, das ist sein größtes Handikap!

Wird es noch Kriege geben, wenn sich der Kommunismus überall auf der Welt durchgesetzt hat?
Eigentlich nicht. Es sei denn, daß der Friedenskampf den Einsatz militärischer Mittel erfordert.

Wann wird im real existierenden Sozialismus die Gleichheit aller Menschen erreicht sein?
Eigentlich ist sie bereits erreicht, nur sind einige noch etwas gleicher als die anderen.

Auf einer Parteischulung erklärt ein Funktionär die einzelnen Gesellschaftssysteme:
„Feudalismus – der Bauer besitzt keine Kühe.
Kapitalismus – der Bauer besitzt zwei Kühe, eine beschlagnahmt das Finanzamt und versteigert sie.
Sozialismus – der Bauer besitzt zwei Kühe, die bessere tritt er an die Genossenschaft ab.
Kommunismus – der Bauer besitzt zwei Kühe, er muß beide an den Staat abgeben, bekommt dafür aber ein bißchen Milch.
Faschismus – der Bauer besitzt zwei Kühe, der Staat konfisziert beide, dafür darf der Bauer Magermilch kaufen.
Nazismus – der Bauer besitzt zwei Kühe, beide zieht der Staat ein und erschießt den Bauern.
Planwirtschaft – der Bauer besitzt zwei Kühe, beide konfisziert der Staat. Die eine wird geschlachtet, für die andere ernennt er zwei Funktionäre, die sie melken. Dabei wird natürlich die Milch sauer."

Der Sozialismus ist bei uns in der DDR stets am Horizont sichtbar: Um so schneller wir ihm entgegeneilen, desto rascher entschwindet er.

Die DDR-Regierung will die Einstellung der Bevölkerung zu Partei und Staat überprüfen und läßt deshalb Fragebogen verteilen. Auf ihnen muß die Frage „Wie stehen Sie zum real existierenden Sozialismus in der DDR?" beantwortet werden. Ein älterer Mann schreibt nur: „Wie zu meiner Frau."
Er wird zum Staatssicherheitsdienst bestellt und soll dort erläutern, wie er das meint.
„Ganz einfach", sagt er, „ich bin jetzt fast vierzig Jahre verheiratet, und da hat man sich an vieles gewöhnt, denn Spaß macht es schon lange nicht mehr."

Wird es im vollendeten Kommunismus noch Geld geben?
Das kommt darauf an: Die einen werden welches haben, und die anderen werden keines haben.

Ist der absolute Sozialismus eine Utopie? Nein, keineswegs. Von einer Utopie hätte man nichts zu befürchten.

Was hat der real existierende Sozialismus von den einzelnen Entwicklungsstufen der Menschheit übernommen?
Vom Urzustand – die Lebenshaltung;
von der Antike – die Unfreiheit;
vom Feudalismus – die Hierarchie der Partei;
vom Kapitalismus – die Ausbeutung und
vom Sozialismus – den Namen.

Wann ist die höchste Stufe des Kommunismus erreicht?
Wenn wir von allem genug haben.

Ist es richtig, daß Kommunismus das „Goldene Zeitalter“ bedeutet?
Das kann man sicher so sagen, aber es ist eben nicht alles Gold, was glänzt.

Was ist Kommunismus?
Der Sieg des Gedankens über den Verstand.

Worin besteht die größte Schwierigkeit für einen Kommunisten?
Die eigene Vergangenheit vorauszusehen.

Eine japanische Industriellen-Delegation befindet sich auf dem Flug in die DDR. Kurz vor der Landung in Ost-Berlin meldet sich die Stewardeß über den Bordlautsprecher: „Bitte schnallen Sie sich an, bitte stellen Sie das Rauchen ein, und bitte stellen Sie die Uhren um 20 Jahre zurück!“

Worin unterscheiden sich die Märchen, die in Westeuropa und im Ostblock erzählt werden?
Im Westen beginnen die Märchen mit dem Satz: „Es war einmal.“
Im Ostblock beginnen sie: „Es wird einmal sein.“

In einem Raum des DDR-Außenministeriums hängen zahlreiche Uhren an den Wänden, jede Uhr stellvertretend für ein bestimmtes Land. Wird nun in einem Land gegen die Menschenrechte verstoßen, springen die Zeiger der jeweiligen Uhr um eine Stunde nach vorn. Ein Besucher hat sich das System der Uhren erklären lassen und ist sehr beeindruckt.
„Aber wo ist denn die Uhr für die DDR?"
„Die hängt auf dem Flur als Ventilator."

Der Lehrer fragt seine Schüler nach dem Unterschied zwischen Kapitalismus und Sozialismus. Keiner meldet sich. Der Lehrer fordert die Schüler auf, sich bei ihren Eltern danach zu erkundigen.
Hans fragt zu Hause seinen Vater.
„Das ist ein kniffliges Problem", sagt der Vater. „Paß auf – sieh mal aus dem Fenster. Wenn das Haus dort drüben einem einzigen Menschen gehört, dann nennt man das Kapitalismus, gehört es allen, dann ist das Sozialismus."
Am nächsten Tag stellt der Lehrer seine Frage erneut.
Hans meldet sich.
„Herr Lehrer, schauen Sie doch bitte mal aus dem Fenster. Sehen Sie den gehbehinderten Mann dort auf dem Bürgersteig?"
Der Lehrer bejaht es.
„Also", fährt Hans fort, „geht einer an Krücken, dann ist das Kapitalismus, gehen alle an Krücken, dann ist das Sozialismus."

Welcher Unterschied besteht zwischen realem Sozialismus und Christentum?
Das Christentum predigt die Armut, der Kommunismus verwirklicht sie.

Warum gibt es im realen Sozialismus so viele Witze?
Weil niemand ihn ernst nimmt.

Kann man in einem Land den Sozialismus aufbauen?
Ja, aber leben muß man in einem anderen.

Aus dem Aufsatz eines Schülers im Staatskundeunterricht: „Früher ging es uns gut. Im realen Sozialismus geht es uns noch besser. Ich meine aber, daß es am besten wäre, wenn es uns wieder gut ginge."

Der Lehrer fragt seine Schüler: „Was ist Kapitalismus?"
Einer meldet sich und antwortet: „Wenn ein Mensch einen anderen rücksichtslos ausbeutet."
„Richtig", sagt der Lehrer. „Was ist aber nun im Gegensatz dazu Marxismus-Leninismus?"
Antwortet der Schüler: „Da ist es genau umgekehrt."

Ein westdeutscher Journalist will einen Artikel über die Lebensqualität in der DDR schreiben. Er fragt einen DDR-Bürger:
„Wie lebt es sich in der DDR?"
„Wie auf einem Dampfer."
„Wieso?"
„Ist doch ganz einfach: Die Aussicht ist gut, man muß ständig kotzen, aber aussteigen kann man nicht."

Nach dem gemeinsamen Flug des Kosmonauten Sigmund Jähn mit sowjetischen Raumfahrern benannte die Partei- und Staatsführung der DDR das Weltall offiziell in „Jähnseits" um.

Wie könnte man in der DDR am effektivsten den Sozialismus aufbauen?
Die Parteilosen müßten die Möglichkeit zu Schwarzarbeit und Überstunden erhalten.

Wir sind doch in der DDR auf dem Weg zum Kommunismus – warum sind dann bei uns die Lebensmittel so knapp?
Unterwegs ißt man nicht.

Was ist das liebste Möbelstück der SED-Führung?
Die lange Bank, auf die man alles schieben kann.

Wie hießen die ersten Kommunisten?
Adam und Eva.
Warum?
Sie hatten keine Kleider, sie hatten keine Wohnung, sie hatten wenig zu essen und glaubten trotzdem, im Paradies zu leben.
(Andere Antworten auf diese Frage:
Die Heiligen Drei Könige. Sie kamen aus dem Osten und folgten einem Stern.
Die Jungfrau Maria, sie gab ihr Kind in die Krippe.
Die 12 Apostel. Sie gaben ihre Arbeit auf und widmeten sich ganz der Ideologie.)

Läßt der real existierende Sozialismus die Geburtenplanung zu?
Natürlich, doch kommt es bei ihrer Durchführung häufig zu Schwierigkeiten, weil sich in diesem Fall die Produktionsmittel noch in privater Hand befinden.

Wird im Kommunismus noch geklaut?
Nein, das geht nicht, weil ja im Sozialismus schon alles geklaut worden ist.

Der Luxus wird im realen Sozialismus in drei Etappen realisiert:
1. eigenes Auto,
2. eigenes Haus,
3. eigene Meinung. Diese Etappe schließt allerdings die ersten beiden aus.

Was ist der Unterschied zwischen einer Demokratie und einer Volksdemokratie?
Es ist derselbe Unterschied wie zwischen einer Jacke und einer Zwangsjacke.

Wieso spricht man eigentlich vom ewig jungen Kommunismus?
Er ist schon 60 Jahre alt und steckt immer noch in den Kinderschuhen.

Der Kapitalismus steht kurz vor dem Abgrund. Wir in der sozialistischen DDR sind aber schon einen Schritt weiter.

Welcher Unterschied besteht zwischen der Staatsführung der DDR und Terroristen?
Terroristen haben Sympathisanten.

Können Wanzen Revolutionen machen?
Natürlich, denn in ihnen fließt das Blut von Arbeitern und Bauern.

Ein DDR-Bewohner ist gestorben und kommt an die Himmelspforte. Von dort aus kann er die Himmelsbewohner fleißig arbeiten sehen. Dann blickt er durch das Höllentor. Dort lebt man in Saus und Braus. Klar, daß er sich für die Hölle entscheidet. Als er durch das Höllentor getreten ist, packen ihn sofort einige Teufel und werfen ihn in die richtige Hölle, wo er gleich ordentlich gepiesackt wird. Der DDR-Bewohner protestiert und fordert, dorthin gebracht zu werden, wo das lustige Leben ohne Arbeit herrscht. Darauf erklärt ihm einer der Teufel: „Das ist doch nur unser Aufklärungs- und Propagandalokal!“

Was ist dialektischer Materialismus?
Wenn jemand in einem dunklen Zimmer eine schwarze Katze sucht, obwohl er genau weiß, daß keine drin ist, und dann plötzlich ruft: „Ich habe sie!“

Warum wird die Wahrheit im realen Sozialismus so oft vergewaltigt?
Weil sie so nackt ist.

Ein idealer Kommunist sollte doch zugleich auch ein idealer Ehemann sein. Wie kommt es dann, daß bei uns in der DDR so viele Ehen zerrüttet sind?
Vermutlich gibt es bei uns zu wenig ideale Kommunisten.

Ist Jugoslawien noch ein sozialistisches Land?
Eigentlich nicht, den Leuten dort geht es schon zu gut.

Die Tiere halten eine Parteiversammlung unter dem Vorsitz des Löwen ab. Er verkündet den Beschluß: „Zweimal zwei ist sechs." Alle Tiere schweigen, nur der Hase protestiert: „Das stimmt nicht. Zweimal zwei ist vier!" Sofort wird er von zwei Wölfen abgeführt, die als Polizisten fungieren. Nach vier Jahren wird der Hase vorzeitig freigelassen und rehabilitiert. Als die Tiere wieder eine Parteiversammlung abhalten, verkündet der neue Vorsitzende, ein Tiger, der alte Beschluß sei falsch gewesen, die Parteiführung habe ihn korrigiert. Zweimal zwei sei natürlich nicht sechs, sondern fünf. Auch diesmal schweigen alle Tiere. Nur der Hase protestiert erneut: „Zweimal zwei ist doch vier!" Zwei Wölfe führen ihn wieder ab. Draußen beginnen sie mit dem Hasen zu plaudern und versuchen, ihn von der Notwendigkeit des neuen Beschlusses zu überzeugen. Der Hase will den Beschluß dennoch nicht einsehen und bleibt stur: „Zweimal zwei ist vier!" Verzweifelt stoßen die beiden Wölfe hervor: „Um Gottes willen, willst du denn, daß zweimal zwei wieder sechs wird?"

An der Pforte zum kommunistischen Paradies begehrt ein alter weißhaariger Mann Einlaß. Der Wachhabende mustert ihn und fragt dann: „Was war dein Vater von Beruf?"
„Industrieller."
„Woher stammt deine Mutter?"
„Sie war die Tochter eines Kaufmanns."
„Wer war deine Frau?"
„Eine Aristokratin."
„Was hast du in deinem Leben für einen Beruf ausgeübt?"
„Ich bin viel herumgekommen und habe einige Bücher geschrieben."
„Das ist ein sehr bürgerlicher Lebenslauf. Ich glaube nicht, daß ich dich hereinlassen kann. Wie ist dein Name?"
„Karl Marx."

Aufgeschreckt von atomaren und politischen Explosionen erwacht Karl Marx in seinem Londoner Grab, tritt daraus hervor und schaut sich verwundert in der Welt um. Und schon wollen einige Zeitungsreporter eine Stellungnahme von ihm haben. Da sagt Karl Marx nur den einen Satz: „Proletarier aller Länder – verzeiht!“

Das Zentralorgan der SED, „Neues Deutschland“, führt in seinem Titel auf der ersten Seite die Parole des „Kommunistischen Manifestes“ von Karl Marx: „Proletarier aller Länder vereinigt euch!“ Nachdem es Zank und Streit auch zwischen den kommunistischen Brüdern in aller Welt gibt, hat die SED die Parole des Zentralorgans jetzt abgewandelt und der Realität angepaßt: „Proletarier aller Länder, um Himmels willen, so vereinigt euch doch!“

Worin besteht der Unterschied zwischen Kapitalismus und Sozialismus?
Der Kapitalismus macht soziale Fehler, der Sozialismus macht kapitale Fehler.

Was ist realer Sozialismus?
Der reale Sozialismus ist ein System, das erfolglos versucht, Schwierigkeiten zu meistern, die es selbst hervorgebracht hat und die nur durch Rückkehr zum Kapitalismus zu lösen sind.

Warum ist die Sowjetunion bestrebt, bei Olympischen Spielen so viele Goldmedaillen zu gewinnen?
Damit sie in den USA und Kanada Weizen kaufen kann.

Woran zeigt sich die Überlegenheit des realen Sozialismus über den Kapitalismus?
Würde es beim Kapitalismus so drunter und drüber gehen wie im realen Sozialismus, wäre der Kapitalismus schon längst am Ende, aber dem Sozialismus scheint es nichts auszumachen.

Wer ist ein Kommunist?
Ein Mensch, der die Hoffnung aufgegeben hat, ein Kapitalist zu werden.

Schulungskurs auf der Parteihochschule der SED. Ein Schüler fragt den Dozenten: „Warum ist eigentlich die Sowjetunion von Weizenlieferungen aus den USA und Kanada abhängig?"
Der Dozent erklärt: „Hierbei handelt es sich keineswegs um Abhängigkeit, sondern um eine typische Krisenerscheinung des Kapitalismus. Die Überproduktion an Getreide ist in diesen Ländern so groß, daß die Sowjetunion ihnen aus der Verlegenheit helfen muß, andernfalls wäre der Kapitalismus schon längst zusammengebrochen."

Was ist der Unterschied zwischen Parteiführern im real existierenden Sozialismus und den Arbeitslosen im Kapitalismus? Eigentlich gibt es keinen. Die einen wie die anderen haben eine ungewisse Zukunft vor sich.

Als die DDR 1979 von einem sehr harten Winter heimgesucht wurde, kam es zu Arbeitsunterbrechungen und zu ernsten Versorgungsschwierigkeiten. Da fragten sich die Menschen:
„Wo endet der Sozialismus?"
„Bei minus fünf Grad."

Um nicht noch einmal wie 1979 durch einen Wintereinbruch hohe volkswirtschaftliche Verluste hinnehmen zu müssen, hat die DDR-Regierung ein neues System zum Schneeräumen entwickelt. Es trägt den amtlichen Namen: HS2R. Das bedeutet: Hacke, Schaufel und 2 Rentner.

Frage an Radio Eriwan: „Ist es möglich, die DDR mit einer Atombombe lahmzulegen?"
Antwort: „Im Prinzip ja, aber warum so umständlich? 15 cm Neuschnee tun es doch auch!"

Das Staatswappen der DDR – Hammer und Zirkel im Ährenkranz – soll geändert werden: Künftig soll der Kranz den Gott Amor schmücken: klein, nackt, aber bewaffnet.

Die Flagge der DDR besteht aus den Farben Schwarz, Rot, Gold und den Symbolen Ähre, Hammer, Zirkel. Warum?
Es war schwarz wie die Nacht, als die Roten kamen, sie versprachen uns goldene Zeiten und ährten uns auch. Dann bekamen wir einen mit dem Hammer vor den Kopf und durften von da an zirkeln, wo wir was zu essen herbekamen.

Die DDR soll ein neues Symbol in ihrer Staatsflagge bekommen: ein Schaf und einen Stuhl.
Warum?
Wer meckert, muß sitzen.

Die DDR-Flagge soll anstelle von Hammer und Zirkel jetzt als neues Emblem ein Nilpferd bekommen.
Wieso?
Ist doch klar: Das Wasser steht bis zum Hals, aber das Maul wird weit aufgerissen!

Was bedeutet DDR?
Deutsche Dogmatische Republik.

Ein Mann geht in Ostberlin über den Alex und sagt ständig laut vor sich hin: „Ist das ein Scheißstaat, ist das ein Scheißstaat…"
Ein Vopo will ihn wegen Beleidigung des Staates festnehmen.
„Wieso?" sagt der Mann. „Ich meine doch gar nicht die DDR."
Dem Vopo leuchtet das ein, und er läßt den Mann laufen.
Dieser sagt weiter vor sich hin: „Ist das ein Scheißstaat, ist das ein Scheißstaat…"
Da kommt der Vopo zurück und sagt: „Ich habe mir das noch mal überlegt, ich muß Sie doch festnehmen. Sie meinen natürlich die DDR, denn es gibt ja nur einen Scheißstaat."

Was ist Glück? Daß wir in der DDR leben. Was ist Pech? Daß gerade wir das Glück haben.

Welches Land hat in der Raumfahrt die größten Fortschritte gemacht? Die DDR. Die Russen sind bisher noch gar nicht auf den Mond gekommen. Die Amerikaner sind auf dem Mond gelandet. Aber die DDR lebt schon seit über dreißig Jahren hinter dem Mond.

Auf der Werksversammlung eines Kombinats versucht der Direktor die geplante Einführung höherer Normen zu begründen, gegen die sich die Arbeiter aufgelehnt haben. Der Direktor sagt: „Der Betrieb gehört schließlich euch, und die Arbeit im sozialistischen Staat muß uns doch Vergnügen bereiten." Meldet sich ein Arbeiter: „Alles gut und schön, aber schließlich leben wir doch nicht zu unserem Vergnügen in einem sozialistischen Staat."

Welches Land hat den höchsten Berg?
Die DDR natürlich. Dort geht es schon seit mehr als 30 Jahren aufwärts – und wir haben immer noch nicht den Gipfel erklommen.

Beim Bau des Palastes der Republik, des repräsentativen staatlichen Prunkbaus der DDR in Ostberlin, wurden plötzlich alle sächsischen Bauarbeiter entlassen. Warum? Sie sprachen immer vom „Ballast der Republik".

Herr Müller aus Leipzig war von seinem Kombinat auf eine Auslandsreise nach Paris geschickt worden. Als er wieder in Leipzig ist, fragt ihn ein Kollege: „Na, wie war's in Paris? Hast du dort den sterbenden Kapitalismus gesehen?"
„Ja, ja", sagt Müller wehmütig, „ein wunderbarer Tod!"

Welches war die erste Wahl nach kommunistischem Muster? Das war im Paradies, als Adam sich Eva zur Frau wählte.

Die Leiterin einer Stadtbibliothek in der DDR ordnet an, daß Lenins Werk „Was tun?“ aus den Regalen entfernt wird.
Warum?
„Weil wir uns keinen Autor leisten können, der nicht weiß, was er machen soll.“

Die Friedenstaube ist in den Westen geflogen.“
„Warum das denn?“
„Weil sie im Osten nichts mehr zu fressen bekommen hat.“

Weihnachten fällt dieses Jahr in der DDR aus.
Warum?
Joseph muß Heiligabend eine Sonderschicht ableisten, Maria hat keinen Krippenplatz gefunden, und die Heiligen Drei Könige aus dem Morgenland haben sich geweigert, den erhöhten Zwangsumtausch bei der Einreise in die DDR zu zahlen.

Eine Straßenbahnschaffnerin in Ostberlin ruft an der Endhaltestelle ihrer Linie: „Endstation! Herrschaften, bitte aussteigen!“ Ein SED-Funktionär ist empört und beklagt sich bei der Schaffnerin: „Was heißt hier Herrschaften? Bei uns gibt es nur noch Arbeiter und Bauern.“
Am nächsten Tag ruft die Schaffnerin: „Arbeiter und Bauern! Bitte aussteigen, wir sind am Ende!“

Eine kleine Meise will aus der Bundesrepublik in die DDR fliegen. Ihre ganze Familie warnt sie vor diesem Ausflug vor allem mit dem Argument, daß es in der DDR nicht genug zu essen gebe. Die Meise fliegt trotzdem und kommt nach einiger Zeit dick und rund gefressen wieder.
„Wie war's?“ fragt ihre Familie.
„Wunderbar“, sagt die Meise, „drüben ist überall der Wurm drin!“

Haben wir in der DDR einen zu großen Verwaltungsapparat?
Im Prinzip nein; wir haben nur für unseren Verwaltungsapparat ein zu kleines Land.

In der DDR hat man das Weihnachtsfest abgeschafft.
Warum?
Josef ist eingezogen worden. Maria muß arbeiten. Die Hirten tun Dienst an der Grenze. Und die Heiligen Drei Könige haben sich in den Westen abgesetzt.

Jedem DDR-Bürger stehen ursprünglich drei Schutzengel zur Seite: Der eine garantiert für Linientreue, der zweite für Intelligenz und der dritte für Ehrlichkeit. Nun ist für die Schutzengel eine neue Anordnung in Kraft getreten, nach der einem DDR-Bürger nur noch zwei Schutzengel zugeteilt werden. Deshalb gibt es in der DDR nur noch:
1. linientreue und intelligente, aber nicht ehrliche,
2. linientreue und ehrliche, aber nicht intelligente und
3. intelligente und ehrliche, aber nicht linientreue Bürger.

Drei Zoo-Löwen treffen sich, zwei wohlgenährte aus der Sowjetunion bzw. den USA und ein sehr magerer aus der DDR.
„Mir geht's sehr gut", sagt der russische Löwe, „ich bekomme jeden Tag ein Wolga-Rind zu fressen."
Sagt der amerikanische Löwe: „Ich kann auch nicht klagen, ich bekomme jeden Tag ein fettes Texas-Rind zu fressen."
Jammert der DDR-Löwe: „Mir geht es nicht so gut, ich bekomme immer nur Bananen."
„Warum das denn?" fragen die beiden anderen.
„Ich sitze in unserem Zoo in Ostberlin auf der Planstelle für einen Affen."

Weshalb dauern in der DDR die Wahlen zwei Tage?
Damit jeder frei wählen kann, ob er am Freitag oder am Samstag zur Wahl geht.

Zwei Wehrpflichtige kommen zur DDR-Marine. Fragt sie der Leutnant: „Könnt ihr überhaupt schwimmen?"
Meint der Wehrpflichtige zu seinem Nachbarn: „Die haben wohl nicht mal Schiffe hier."

Volkskammerwahlen in der DDR. Als eine ältere Dame bei der Stimmabgabe im Wahllokal den Umschlag, den man ihr überreicht hat, nicht gleich in die Urne wirft, sondern öffnet, steht sofort der Wahlleiter vor ihr: „Was machen Sie denn da?"
„Ich möchte nur wissen, was in dem Umschlag ist."
„Das geht in gar keinem Fall, die Wahlen sind geheim."

Ein DDR-Bürger erzählt einem Freund ganz aufgeregt: „Hast du schon gehört, die Nationale Front hat bei den Volkskammerwahlen 99,5 Prozent der Stimmen erhalten!"
„Das ist in der Tat erstaunlich – bei den paar Anhängern, die sie hat!"

Stimmt es, daß die Wahlen zur Volkskammer verschoben werden?
Ja, das ist richtig. Die Wahlergebnisse sind verlorengegangen.

Die Landwirtschaftlichen Produktionsgenossenschaften (LPG) dürfen die Felder links und rechts der Wege und Straßen nicht mehr bestellen.
Warum?
Damit die Betriebskampfgruppen die Flinte nicht mehr so leicht ins Korn werfen können.

☆☆☆☆☆☆☆☆☆☆☆☆☆☆☆☆☆☆☆☆☆☆☆☆☆☆☆☆

Die Unfehlbarkeit der Herrschenden oder Die Partei hat gar nicht immer recht

☆☆☆☆☆☆☆☆☆☆☆☆☆☆☆☆☆☆☆☆☆☆☆☆☆☆☆☆

Gespräch zwischen zwei SED-Funktionären.
„Kann die Partei auch mal irren?“
„Nein, das ist so gut wie unmöglich.“
„Woher weißt du das?“
„Das sagt die Partei!“

Darf man die Partei kritisieren?
Warum nicht? Aber in den eigenen vier Wänden lebt es sich angenehmer.

Darf der liebe Gott Mitglied der SED werden?
Warum nicht? Aber vorher müßte er aus der Kirche austreten.

Kann ein Esel Parteimitglied werden?
Nein, wir haben schon genug Ja-Sager!

Was bedeutet das SED-Emblem mit den beiden verschlungenen Händen?
Eine Hand wäscht die andere.

Warum sollen die beiden verschlungenen Hände auf dem SED-Parteiabzeichen durch ein Eichhörnchen ersetzt werden?
Weil es in der nächsten Zeit so viele harte Nüsse zu knacken gibt.

Im Konfirmandenunterricht will der Pastor den Kindern von der Bibel erzählen und sagt: „Es gibt ein Buch, das uns Stärke und Kraft verleiht und das dem, der es besitzt, viele Vorteile gegenüber allen anderen Menschen verschafft. Um welches Buch handelt es sich?“
Meldet sich ein Knirps: „Das Parteibuch der SED!“

Wo gibt es die meisten Blasenkranken?“
„In der SED.“
„Warum?“
„Die Genossen wollen in großer Zahl austreten, aber sie haben Angst davor.“

Ein Sowjetbürger fragt einen DDR-Bürger nach seinem Beruf.
„Ich bin Clown."
„Ich verstehe, du klaust."
„Nein, nein! Ich komme auf die Bühne, und alles lacht."
„Ah, ich verstehe. Du bist Funktionär!"

Wie geht's?"
„Nicht gut, ich habe Bauchschmerzen, Herzstechen und ein komisches Gefühl im Genick."
„Ja, das kenne ich. Ich bin auch Funktionär."

Ein hoher SED-Funktionär vertritt die DDR beim Parteitag der chinesischen Kommunisten. Er hält eine lange Rede. Nach der ersten halben Stunde übersetzt der Dolmetscher diesen Teil der Rede nur mit dem einen Wort „Kwang". Brausender Beifall. Den zweiten Teil der Rede, der wieder eine halbe Stunde dauert, übersetzt der Dolmetscher mit dem Wort „Tsching". Wieder brausender Beifall. Als der SED-Funktionär nach einer weiteren halben Stunde schließt, übersetzt der Dolmetscher diesen Teil mit dem Wort „Peng". Der Beifall will kein Ende nehmen.
In einer Konferenzpause nimmt der SED-Funktionär einen befreundeten Genossen, der chinesisch spricht, beiseite und fragt ihn, was der Dolmetscher denn nun eigentlich mit so knappen Worten übersetzt habe. Der befreundete Genosse zögert erst und sagt dann: „Nach dem ersten Teil deiner Rede sagte er: ‚Blödsinn', nach dem zweiten: ‚großer Blödsinn' und nach dem dritten: ‚Hör endlich mit dem totalen Blödsinn auf!'"

Eine Delegation aus dem Westen besichtigt ein DDR-Kombinat. Zum Schluß fragt ein Delegationsmitglied den Direktor, wie viele Arbeiter des großen Betriebes denn der SED angehörten.
„Ein einziger", antwortet der Direktor kleinlaut, „aber es ist ganz schrecklich!"
„Wieso?" fragt der Delegierte.
„Wir wissen nicht, welcher von unseren 5000 Arbeitern es ist."

Ein Pfarrer ist so mutig, in seiner Sonntagspredigt die Politik der Partei zu kritisieren. Er sagt: „Diese Funktionäre verdienen es nicht einmal, daß man ihnen ins Gesicht spuckt."
Die Kreisleitung der SED fordert den Pfarrer sofort auf, diese Aussage am nächsten Sonntag im Gottesdienst zu widerrufen. Der Pfarrer beginnt seine Predigt: „Ich nehme meine Behauptung vom vergangenen Sonntag zurück: Sie verdienen es."

In der Schule wird den Kindern das Staatswappen der DDR erklärt. Der Lehrer sagt: „Es symbolisiert alle Berufe der Bürger der DDR: die Ähren die Landwirtschaft, der Hammer die Handwerker und der Zirkel die Intelligenz."
Da meldet sich ein Schüler und protestiert: „Da fehlt aber der Beruf von meinem Vater, der ist Parteisekretär."
„Auch dieser Beruf ist im Staatswappen enthalten. Bei dem Zirkel werden doch die beiden Schenkel durch eine Niete zusammengehalten."

Vertreter beider Kirchen sprechen mit Erich Honecker über das Verhältnis von Staat und Kirche. Am Schluß des Gesprächs bestehen die Kirchenvertreter darauf, daß folgender Satz in das Verhandlungsprotokoll aufgenommen wird: „Gott erschuf den Menschen." Honecker weigert sich, den Satz in das Protokoll aufzunehmen. Es kommt zu einer heftigen Diskussion. Keine Seite will nachgeben. Nach mehreren Stunden sagt Honecker: „Einverstanden, allerdings unter der Bedingung, daß der Zusatz hinzugefügt wird: ‚Unter Anleitung der Partei.'"

Die Ehefrau eines SED-Funktionärs will von ihrem Mann wissen, warum man die Oktoberrevolution nicht im Oktober, sondern im November feiert.
„Sieh mal, das ist so: Zwischen der DDR und Moskau liegen zwei Stunden Zeitverschiebung. Und da kommt in 60 Jahren einiges zusammen."

Ein SED-Funktionär hat mit 1,4 Promille im Blut mit seinem Auto einen Unfall verursacht und dabei zwei Männer verletzt. Besorgt fragt er den Richter bei der Verhandlung, ob er eine hohe Strafe zu erwarten habe.
„Seien Sie ganz unbesorgt. Den Mann, der in Ihrem Wagen durch die Windschutzscheibe geflogen ist, werde ich wegen Einbruchs verurteilen. Und der andere, der durch die Luft in den Graben geschleudert wurde, bekommt seine gerechte Strafe wegen Unfallflucht."

Ein Rentner in der DDR hat Geldsorgen. Da er ein frommer Mann ist, meint er, der liebe Gott könne helfen. Er bittet ihn in einem Brief um die Zusendung von 500 Mark. Ein paar Tage später wird der Mann zum Rat des Kreises beordert. Dort belehrt ihn ein Parteisekretär: „Es gibt überhaupt keinen Gott. Hier haben Sie 250 Mark, und in Zukunft lassen sie bitte solchen Unsinn!"
Zu Hause schreibt der Mann erneut einen Brief an den lieben Gott: „Ich danke für die 250 Mark. Schick doch bitte das nächste Mal das Geld direkt an mich. Die Partei hat 250 Mark behalten."

Ein Parteifunktionär bittet einen Arzt, unbedingt zur nächsten Parteiversammlung zu kommen: „Es geht um wichtige Fragen. Sie können ja Ihre Frau und Ihr Kind mitbringen. Sollte das Kind anfangen zu schreien, können Sie natürlich vorzeitig nach Hause gehen."
Eine halbe Stunde nach Beginn der Versammlung fragt der Arzt seine Frau leise: „Wie findest du es?"
„Zum Einschlafen langweilig."
„Dann zwick das Kind!"

Schneewittchen, Hans im Glück, ein intelligenter und ein dummer Parteisekretär speisen zusammen an einem Tisch. Bei der Mahlzeit bleibt ein Apfel übrig, und jeder von den vieren möchte ihn haben. Da geht plötzlich das Licht aus, alle greifen sofort nach dem Apfel. Wer hat ihn? Natürlich der dumme Parteisekretär. Die anderen drei Personen gibt es nämlich gar nicht.

In einer Betriebsversammlung beschwert sich ein Arbeiter: „Genosse Funktionär, ich komme jeden Morgen zu spät zur Arbeit, weil der Zug Verspätung hat. Außerdem herrscht auf den Bahnhöfen jeden Morgen ein chaotisches Gedränge. Kann man da nicht Abhilfe schaffen?"
Der Funktionär erwidert: „Uns ist das Problem seit langem bekannt, und Partei und Regierung bemühen sich, in Zukunft mehr Wartesäle zu bauen."

Während einer Bahnfahrt von Erfurt nach Leipzig kommen zwei Reisende ins Gespräch. Sagt der eine: „Die Fahrt ist ziemlich langweilig. Ich werde Ihnen ein paar Witze erzählen."
Sagt der andere: „Gerne. Ich weise Sie aber darauf hin, daß ich SED-Funktionär bin."
„Das macht nichts. Ich erzähle sie auch ganz langsam."

Ein SED-Funktionär soll im Auftrag der Partei einen Bauern überreden, in die Landwirtschaftliche Produktionsgenossenschaft (LPG) einzutreten. Er fragt den Bauern, ob er bereit sei, seine Schweine und Kühe an die LPG abzutreten. Der Bauer stimmt zu.
„Dann sind Sie auch einverstanden, Ihre Hühner an die LPG abzutreten?"
„Nein, die möchte ich gern behalten."
„Aber warum wollen Sie denn die Schweine und Kühe abgeben und die Hühner behalten?"
„Ich habe nur Hühner."

Stimmt es, daß die Hälfte der Mitglieder des Zentralkomitees der SED Dummköpfe sind?
Im Gegenteil, die Hälfte der Mitglieder sind keine Dummköpfe.

Ein SED-Funktionär preist den Vormarsch des Sozialismus überall auf der Welt: „Zur Zeit beherrscht der Sozialismus bereits ein Fünftel der Erde, in drei Jahren wird es ein Sechstel sein, im Jahre 2000 ein Achtel und so weiter – der Fortschritt ist nicht zu stoppen."

Ein Oberschullehrer, ein Grundschullehrer und ein Hilfsschullehrer holen in der SED-Kreisleitung ihre Prämien ab. Der Oberschullehrer erhält eine Medaille und 200 Mark. Nach wenigen Minuten wird er vom SED-Kreissekretär verabschiedet. Dem Grundschullehrer geht es ähnlich. Er erhält eine Medaille und 400 Mark. Nach wenigen Minuten ist er entlassen. Der Hilfsschullehrer bleibt über eine Stunde beim SED-Kreissekretär. Als er herauskommt, berichtet er stolz: „Meine Prämie beträgt 1.000 Mark. Und was meint ihr, wie die sich gefreut haben, als die Genossen ihren alten Lehrer wiedersahen!“

An der Wohnungstür des SED-Funktionärs Schulze in Leipzig hängen folgende Zettel an der Wohnungstür:
Bin auf der Parteiversammlung. Vater.
Bin im Frauenausschuß. Mutter.
Bin in der FDJ-Versammlung. Klaus.
Bin bei den Jungen Pionieren. Monika.
Und darunter ein Zettel:
Bin auf dem Weg ins Ausland. Der Einbrecher.

Eine Frau aus Rostock will sich scheiden lassen. Vor Gericht gibt sie einen etwas ausgefallenen Grund an: Sie ist schon zum drittenmal verheiratet, aber immer noch Jungfrau. Die Richter fragen sie erstaunt, wie das denn möglich sei.
„Das kam so“, sagt sie, „mein erster Mann war impotent, mein zweiter Mann entpuppte sich als homosexuell, und mein dritter Mann ist ein hoher Parteifunktionär und hat mir immer nur versprochen, versprochen, versprochen...“

Was haben die Parteifunktionäre mit den Tauben zu tun? Sind sie unten, fressen sie einem aus der Hand, sind sie oben, scheißen sie einem auf den Kopf.

Ist es richtig, daß unsere SED-Funktionäre manchmal lügen? Das kann ich mir nicht vorstellen. Dann müßten sie ja die Wahrheit kennen.

Auf einer Parteiversammlung sagt ein SED-Funktionär begeistert: „Wenn der Sozialismus bei uns erst richtig Fuß gefaßt hat, dann kommt die Zeit, wo jeder DDR-Bürger tun und lassen kann, was er will. Und wenn er es nicht tut, dann werden wir ihn schon dazu zwingen!“

Ist es wahr, daß unsere SED-Funktionäre besser leben als manche Kapitalisten?
Das ist schon richtig, aber das beweist doch nur die Unfähigkeit des Kapitalismus.

Was ist der Unterschied zwischen dem Orient und der DDR?
Im Orient sitzen die Posten auf hohen Kamelen, in der DDR sitzen die Kamele auf hohen Posten.

Wie heißt der Vorzugsladen, in dem die hohen Parteifunktionäre zu niedrigen Preisen und ohne Schlangestehen alles einkaufen können?
Personenpult.

Was ist Cognac?
Cognac ist ein Getränk, das von der Arbeiterklasse und den Genossenschaftsbauern zumeist in der Gestalt von hohen Parteifunktionären konsumiert wird.

Was ist Partei-Schulung?
Rote Tiefenbestrahlung ohne Wirkung.

Was ist politische Schulung?
Wenn einer redet und alles schläft.

Ein DDR-Bürger trifft in der Hölle einen alten Bekannten, der gerade dort angekommen ist. Er erklärt ihm: „Hier ist es eigentlich ganz gemütlich. Heute gibt's kein Pech, morgen keinen Schwefel und übermorgen kein Holz und keine Kohlen. Und ist wirklich mal alles da, dann ist der Heizer auf einer Parteischulung.“

Zwei Parteigenossen treffen sich.
„Warum hast du denn einen strengen Verweis erhalten?"
„Wegen der letzten Schulung."
„Wieso, du hast doch gar nichts gesagt?"
„Eben deshalb."

Gespräch zwischen zwei Parteimitgliedern.
„Was machst du heute abend?"
„Ich gehe zur Schulung."
„Da warst du doch gestern schon."
„Ja, das stimmt."
„Wollen wir morgen abend mal was zusammen unternehmen?"
„Nein, da muß ich zur Schulung."
„Wann schläfst du denn eigentlich?"
„In der Schulung."

Ich habe gestern einen ganz merkwürdigen Traum gehabt: Ich träumte, ich sei bei einer Parteiversammlung."
„Und was soll daran so sonderbar sein?"
„Als ich erwachte, war ich wirklich dort!"

Auf einer Parteiversammlung der SED wollen die Funktionäre den politischen Wissensstand der Mitglieder prüfen, der sehr schlecht sein soll. Der Vorsitzende fragt einen Arbeiter, der nur selten zu Parteiversammlungen kommt: „Wer ist Erich Honecker?"
„Das weiß ich nicht."
Ärgerlich fragt der Vorsitzende einen anderen Arbeiter: „Wer ist Leonid Breschnew?"
„Das weiß ich nicht."
Der Vorsitzende ist empört über so viel Nichtwissen. Da meldet sich ein Versammlungsteilnehmer zu Wort: „Genosse Vorsitzender, wer ist denn Gustav Müller?"
„Das weiß ich nicht", sagt der Vorsitzende.
„Aha, das ist nämlich genau der Mann, der immer bei Ihrer Frau ist, wenn Sie auf Parteiversamlungen sind."

Erich Honecker hat die Devise ausgegeben, daß die Zahl der SED-Mitglieder zum X. Parteitag ganz wesentlich erhöht werden soll. Zur Anwerbung neuer Genossen werden Prämien ausgesetzt: Für die Werbung eines neuen Mitgliedes brauchen Parteimitglieder ab sofort keine Parteiversammlungen mehr zu besuchen. Für die Werbung von zwei neuen Mitgliedern darf jedes Parteimitglied ab sofort aus der Partei austreten. Für die Werbung von drei neuen Mitgliedern erhält jedes Parteimitglied eine Bescheinigung, daß es der SED nie angehört hat.

Der Lehrer fragt: „Welches ist die größte Partei in der DDR?"
„Die SED", rufen die Kinder.
„Und wie groß ist die SED?" fragt der Lehrer.
Ein Schüler meldet sich: „Ungefähr 1,65 Meter."
„Warum das denn?" erkundigt sich der Lehrer.
„Ja", sagt der Schüler, „mein Vater ist 1,85 Meter groß, und immer, wenn er von der Parteiversammlung kommt, hält er die Hand an den Hals und sagt: ‚Die Partei steht mir bis hier!'"

Dialog bei einer Parteischulung:
„Wer darf sich einen wahrhaften Kommunisten nennen?"
„Derjenige, der Marx, Engels und Lenin ausgiebig gelesen hat."
„Und wodurch zeichnet sich ein Antikommunist aus?"
„Er hat Marx, Engels und Lenin ausgiebig gelesen und auch verstanden."

Gespräch zwischen zwei Parteimitgliedern.
„Warum bist du eigentlich in die Partei eingetreten?"
„Ich hatte drei wichtige Gründe."
„Welche?"
„Eine Frau und zwei Kinder."

Ein SED-Mitglied fragt einen anderen Genossen: „Was tust du eigentlich für den Friedenskampf?"
„Ich gehe jeden Tag in die HO-Bäckerei und esse zwei Amerikaner!"

Gespräch zwischen zwei Parteimitgliedern.
„Was macht ihr denn gerade im Parteischulungskurs?"
„Wir nehmen ‚Das Kapital' von Karl May durch."
„Das ist doch aber gar nicht von Karl May, sondern von Karl Marx."
„Und ich hatte mich schon gewundert, warum auf den ersten 200 Seiten noch kein einziger Indianer aufgetreten ist."

Ein Funktionär erklärt auf einer Parteischulung Leben und Bedeutung von Karl Marx für den Kommunismus. Die Zuhörer dösen still vor sich hin. Nach zwei Stunden fragt der Schulungsleiter: „Hat jemand noch eine Frage?"
Ein Genosse meldet sich: „Also, ich habe das schon alles so weit verstanden. Aber ich habe da noch eine kleine Frage: Ist nun der Marx eigentlich bewohnt oder nicht?"

Ein DDR-Ehepaar vereinbart, daß der Mann künftig den Haushalt führen soll und die Frau arbeiten geht, da sie eine besser bezahlte Stelle bekommen hat. Um sich für die neue Aufgabe zu rüsten, besucht der Mann einen Kochkursus. Nach einigen Wochen schlägt die Frau vor, daß der Mann doch einmal Spiegeleier machen soll.
„Das hatten wir im Kursus noch nicht", bedauert er. Nach ein paar weiteren Wochen bittet die Frau ihn, doch einmal Koteletts zu braten. „Das hatten wir auch noch nicht."
„Ja, verdammt noch mal, wie weit seid ihr mit eurem Kochkursus denn eigentlich gekommen?"
„Bis zur Oktoberrevolution", sagt der Mann kleinlaut.

Ein Mann ist in Ost-Berlin in die Havel gefallen. Er schlägt wild um sich und schreit um Hilfe. Ein Passant bleibt stehen, blickt auf den Mann hinunter und ruft: „Haben Sie am Marxismus-Leninismus-Unterricht teilgenommen?"
„Ja, natürlich", ruft der Mann mit letzter Kraft.
„Sehen Sie, Sie hätten lieber einen Schwimmkursus besuchen sollen."

Ein SED-Funktionär erklärt im politischen Unterricht die Moral des neuen Menschen im Sozialismus: „Vor allem sagt ein sozialistischer Mensch die Wahrheit."
Ein Teilnehmer greift zum Bleistift und rechnet; dann flüstert er seinem Nachbarn zu: „Wenn ein sozialistischer Mensch die Wahrheit sagt, dann sind das bei 17 Millionen DDR-Bewohnern fast 0,000006 Prozent."

Der Parteifunktionär hat im politischen Schulungskurs gerade erklärt, warum der Kapitalismus so abgrundschlecht und der Sozialismus so gut ist. Da meldet sich ein Teilnehmer:
„Genosse, Sie haben eben geschildert, daß der Kapitalismus korrupt, morsch, unfrei und dekadent ist. Aber warum wollen Sie dann den Kapitalismus unbedingt überholen?"

Jedem DDR-Bürger ist bekannt, daß die DDR-Wirtschaft ihre besten Produkte für harte Devisen ins kapitalistische Ausland exportiert und nur die minderwertige Qualität im Land bleibt. Welche Auswirkungen das hat, mußte Erich Honecker selbst einmal beim Besuch einer Schreinerei erleben. Auf die Frage, was dieser Betrieb denn herstelle, antwortete der Meister: „In erster Linie Särge. Und zwar Eichen- und Fichtensärge."
„Und wo liegt der Unterschied zwischen den beiden?"
„Die teuren Eichensärge sind für das westliche Ausland bestimmt, die billigen Fichtensärge für unsere Partei- und Staatsführung."

Auf einer internationalen Tagung richten die DDR-Vertreter an ihre jugoslawischen Kollegen die Frage: „Was wird bei euch nach Titos Tod?"
Die Jugoslawen stellen sofort die Gegenfrage: „Was wird bei euch, wenn Honecker nicht stirbt?"

Warum warst du nicht auf dem letzten Parteitag?" fragt ein SED-Funktionär einen anderen.
„Oh", sagt der entschuldigend, „wenn ich gewußt hätte, daß es der letzte war, dann wäre ich gekommen!"

Bei einem Flugzeugabsturz kommen Breschnew, Kania und Husak ums Leben. Welches Land ist von dem Unglück am härtesten betroffen? Die DDR, weil Honecker nicht dabei ist.

Ein Mann kommt zu einem Zeitungskiosk, kauft ein „Neues Deutschland“, bezahlt, wirft einen Blick auf die Schlagzeile der ersten Seite, gibt dem Verkäufer die Zeitung zurück und geht. Als sich das an mehreren Tagen wiederholt hat, fragt der Verkäufer erstaunt: „Warum schauen Sie sich immer nur die erste Seite an und legen die Zeitung dann wieder hin?“
„Mich interessieren nur die Todesanzeigen.“
„Aber die stehen doch hinten auf der letzten Seite.“
„Nein, nein, die mich interessieren, stehen auf der ersten Seite.“

Ein SED-Genosse muß sich wegen Verfehlungen gegen das Parteistatut schon zum wiederholten Male vor der Bezirksparteikontrollkommission verantworten. Nach langen Beratungen teilt ihm der Vorsitzende den Beschluß mit: Er wird trotz seiner Vergehen nicht aus der Partei ausgeschlossen.
„Na gut“, sagt der Beschuldigte, „ich nehme die Strafe an.“

Ein SED-Funktionär unterhält sich während der 1. Mai-Demonstration mit einem älteren Arbeiter, der lange Mitglied der SPD gewesen ist.
„Na, was sagst du, hat sich nicht alles geändert bei uns?“
„Ja, das stimmt. Früher wurde uns wegen der Teilnahme an der Mai-Demonstration mit fristloser Entlassung gedroht und heute droht die Entlassung wegen Nicht-Teilnahme.“

Auf einer Plenarsitzung des Zentralkomitees der SED soll der Staatssicherheitsdienst einen westlichen Spion ausfindig machen, der sich dort eingeschlichen hat. Ein Sicherheitsmann geht in den Saal und kommt nach wenigen Minuten mit dem Gesuchten heraus. Sein Vorgesetzter fragt ihn erstaunt, wie er das so schnell bewerkstelligt habe. „Ganz einfach“, sagt der Sicherheitsmann, „ich habe mich an Lenins Wort gehalten: Der Klassenfeind schläft nie!“

Die rationale Gestaltung des Wirtschaftslebens oder Die Planung an und für sich

Der real existierende Sozialismus kennt fünf Phasen der Planung:
1. die Begeisterung vor der Projektierung,
2. die Ernüchterung nach der Verwirklichung,
3. die Suche nach dem Schuldigen,
4. die Bestrafung der Unschuldigen,
5. die Belohnung der Nichtbeteiligten.

Welches sind die typischen Merkmale der DDR-Wirtschaft? Wachstumsschwierigkeiten und wachsende Schwierigkeiten.

Welches sind die vier kritischen Phasen des sozialistischen Wirtschaftsplans?
Frühling, Sommer, Herbst und Winter.

Was ist ein Gegenplan?
Der Gegenplan ist der Sieg der Statistik über die Naturgesetze.

Die DDR hat die schönsten Bäume der Welt, weil sie alle in den Himmel wachsen.

Genosse, was hältst du von dem neuen Plan?"
„Ich verehre ihn."
„Unsinn, einen Plan kann man nicht verehren! Man kann ihn studieren, akzeptieren, begrüßen, gutheißen, für seine vorfristige Erfüllung Verpflichtungen eingehen. Aber verehren ist Quatsch!"
„Natürlich habe ich den Plan studiert, aber gerade deswegen verehre ich ihn. Ich halte mich dabei an Goethe: Der Mensch soll versuchen, das Erforschliche zu erforschen und das Unerforschliche zu verehren. Deshalb verehre ich den Plan."

Ein Funktionär, der beim Friseur warten muß, wundert sich, daß jeder Kunde gefragt wird: „Na, wie steht's mit dem Plan 80?" Der Funktionär erkundigt sich argwöhnisch nach dem Grund. Sagt der Friseur: „Auf die Frage nach dem Plan 80 stehen dem Kunden sofort die Haare zu Berge, und dann kann ich sie leichter schneiden."

Was ist das schlimmste am kapitalistischen Wirtschaftssystem?
Daß es für unsere Planwirtschaft unbedingt notwendig ist.

Zum 30. Jahrestag der Staatsgründung hielt die DDR die größte Parade ihrer Geschichte ab. Den ausländischen Gästen wurde in allen Einzelheiten erklärt, welche Einheiten dabei vorbeiziehen. Da kamen z.B. Formationen der drei Waffengattungen, neue Waffensysteme usw. Am Ende des Zuges marschierten schließlich ein Dutzend grau gekleideter Männer. Die Gäste zeigten sich wenig beeindruckt, erfuhren dann jedoch, dies seien die gefährlichsten, die alles kaputtmachten. „Das sind die Herren von der staatlichen Plankommission!"

Was heißt VEB?
Vaters Ehemaliger Betrieb.

1982 soll wirtschaftlich ein „Mitteljahr" werden.
Warum?
Es wird nicht so gut wie das letzte, aber bestimmt nicht schlechter als das nächste.

Hat unser Plan denn im vergangenen Jahr wirklich gar nichts eingebracht?
Doch, das hat er schon: ein riesiges Defizit.

Erich Honecker ist zur 1. Mai-Truppenparade Gast Breschnews. Sie sitzen nebeneinander auf der Tribüne des Lenin-Mausoleums. Als die Interkontinentalraketen vorbeigefahren werden, wird Breschnew plötzlich wütend. Honecker erkundigt sich erstaunt nach dem Grund seines Ärgers.
„Siehst du denn nicht die drei Männer mit den Aktenköfferchen zwischen den Raketen rumlaufen?"
„Ach so, entschuldige, ich hatte ganz vergessen, dich zu informieren. Die Männer sind von meiner staatlichen Plankomission. Und wo die hinkommen, richten sie mehr Schaden an als deine Raketen."

Losung, unter der die staatliche Plankommission arbeitet: Wo wir sind, ist das Chaos, doch wir können leider nicht überall sein.

Frage an die Planungsbehörde: „Nach welchen Kriterien werden die Prämien an die Arbeiter verteilt?"
„Ganz einfach: Diejenigen bekommen die größten Prämien, die am wenigsten produzieren."
„Warum denn das?"
„Weil diese Arbeiter den geringsten Ausschuß hervorbringen."

Der Direktor eines Kombinats sagt auf der Belegschaftsversammlung: „Unsere Devise heißt von nun an sparen, sparen und noch mal sparen – koste es, was es wolle!"

Warum werden auf den Straßen der DDR die Schlaglöcher nicht beseitigt?
Sie bleiben als Blumenschalen für den 30. Jahrestag unseres Staates.

Erich Honecker sieht auf einer Straße in Ostberlin einen kleinen Jungen, der bitterlich weint. Er fragt ihn nach dem Grund seines Kummers.
„Ich habe mich total verplant", sagt der Kleine.
„Was denn, du planst auch schon?"
„Ja, ich wollte ein Püpschen lassen, und nun habe ich die ganze Hose voll."

Was wird der neue Fünfjahresplan bringen?" fragt ein Genosse in Leipzig einen anderen.
„Im ersten Jahr einen neuen Anzug, im zweiten ein Fahrrad, im dritten ein Motorrad, im vierten ein Auto und im fünften einen Hubschrauber."
„Ja, aber was sollen wir denn mit einem Hubschrauber?"
„Den Hubschrauber brauchst du dazu, um als erster in der Schlange zu stehen, wenn es in Rostock Butter gibt!"

Auf einer Versammlung der LPG-Tierproduktion schlägt der Leiter vor, als Bekenntnis zum sozialistischen Aufbau die Erzeugung von Eiern um 200 % zu erhöhen. „Wer ist dafür?“ Alle Bauern bis auf einen heben die Hand. Auf die Frage, warum er sich vom sozialistischen Aufbau ausschließen wolle, sagt dieser: „Nee, das will ich ja gar nicht. Aber sollten wir nicht vorher mal mit unseren Hühnern darüber sprechen?“

Eine Auto-Reparaturwerkstatt feiert dreißigjähriges Bestehen. Der Direktor lobt die in diesen Jahren geleistete Arbeit und begrüßt unter den Ehrengästen den ersten Kunden des Betriebes. Er hatte damals einen Motor zur Reparatur gebracht. Der Kunde dankt für die Ehrung und fragt bescheiden: „Und wann kann ich den Motor abholen?“

Der Chemiker eines Laboratoriums in Ostberlin berichtet stolz, daß er einen Stoff entwickelt hat, durch den Holz feuersicher wird. Sagt ein Bekannter zu ihm: „Mit diesem Präparat müssen unsere Streichholzfabriken aber schon länger arbeiten.“

Ein hoher SED-Funktionär besucht ein Werk, das Rundfunkgeräte herstellt. Stolz erzählt ihm der Betriebsleiter: „Wir haben das Rauschen in unseren Geräten schon bis auf 10 Prozent verringern können.“
„Sehr gut, Genossen, dann gebt euch Mühe, daß ihr es noch auf 100 Prozent bringt.“

Ein hoher SED-Funktionär besucht ein Heizkraftwerk. Stolz verkündet der Heizer: „Ich bediene die Heizanlage schon zehn Jahre, und sie hat noch keinen Kesselstein.“
Sagt der Funktionär zu seinem Assistenten: „Bitte notieren, Kesselstein besorgen!“

Warum gibt es auf den Straßen der DDR so viele Schlaglöcher? Weil man sie nicht exportieren kann.

In der Messestadt Leipzig soll ein – natürlich staatliches – Bordell eröffnet werden. Fünf Damen sollen für das Wohl der Besucher sorgen. Eine von ihnen – eine schon etwas ältere Dame – wird zur Leiterin des Betriebes ernannt. Sie lehnt diesen Posten jedoch ab: „Das kann ich nicht machen", sagt sie. „Eine von den fünf Damen wird dann hier im Haus die Partei vertreten, die zweite die Gewerkschaft, die dritte den Frauenbund und die vierte die FDJ. Und ich muß dann ganz allein den Plan erfüllen."

Eine ausländische Delegation will in DDR-Betrieben Plan und Planerfüllung studieren. In einem Betrieb fragen die Mitglieder der Delegation den Betriebsleiter, was hier denn hergestellt werde.
„Teile für Fahrstühle", sagt dieser.
„Was für Teile produzieren Sie denn?"
Der Betriebsleiter zögert einen Augenblick und sagt dann stockend: „Schilder mit der Aufschrift: ‚Außer Betrieb!'"

Stimmt es eigentlich, daß die DDR mit Kapitalisten Geschäfte macht?
Ja, mit wem soll sie denn sonst Geschäfte machen?

Die Arbeit als erstes Lebensbedürfnis oder Die Tücke mit der Pflicht zur ständigen Selbstverpflichtung

Aushang am Schwarzen Brett eines Betriebes: Auch ich verpflichte mich zu der Verpflichtung, zu verpflichten, mich immer dem verpflichtet zu fühlen, was ich für meine Pflicht halte.

Wie wird im real existierenden Sozialismus gearbeitet?
Arbeiter arbeiten mit beiden Händen. Direktoren arbeiten mit einer Hand; mit der anderen müssen sie sich am Sessel festhalten. Minister und Parteifunktionäre müssen sich mit beiden Händen am Sessel festhalten und können deshalb nur noch mit den Füßen arbeiten.

Im real existierenden Sozialismus arbeiten die Werktätigen am Montag nach der „Heidekrautmethode" (aus dem sächsischen Dialekt: Heute graut mir vor der Arbeit); dienstags nach der „Katzenmethode" (die Pfoten auf den Tisch legen und auf die Mäuse warten); mittwochs nach der „Robinsonmethode" (warten auf Freitag); donnerstags nach der „Elektrikermethode" (ohne Spannung zur Arbeit kommen und jeden Kontakt mit der Leitung vermeiden); freitags nach der „Bassowmethode" (sächsische Umdeutung der sowjetischen Arbeitsmethode: Paß auf, daß du den Feierabend nicht verpaßt).

Ein Arbeiter kommt in die Praxis eines Tierarztes und will sich untersuchen lassen. „Aber ich bin doch ein Tierarzt", sagt dieser, „da sind Sie doch ganz falsch bei mir."
„Nein, nein", entgegnet der Arbeiter, „es ist schon richtig. Ich muß nämlich arbeiten wie ein Pferd, erhalte so viel zu essen wie eine Maus und werde behandelt wie ein Esel."

Definition: Ein öffentliches Haus ist ein Betriebssystem und ein Bordell ein Arbeitssystem.

Ist der Geschlechtsverkehr in der DDR Arbeit oder Vergnügen?
Er muß Vergnügen sein; wäre er Arbeit, hätten sie ihn längst schon im Fernsehen gezeigt.

Vor dem Personalchef eines Volkseigenen Betriebes stehen drei Bewerber für einen wichtigen Posten. Der Personalchef stellt ihnen die Aufgabe: „Wieviel ist zweimal zwei?"
Der erste Bewerber sagt: „Vier."
„Danke", sagt der Personalchef, „Sie kann ich nicht brauchen."
Der zweite Bewerber sagt total verunsichert: „Zweimal zwei ist fünf."
„Das ist schon besser", sagt der Personalchef und wendet sich dem dritten zu.
Der sagt: „Zweimal zwei – das bedeutet eine Leistungssteigerung von 250 %."
„Sie sind angestellt!"

Im Fragebogen für Lehrer hieß es in den Anfangsjahren der DDR: Haben Sie eine abgeschlossene Schulbildung? Wenn nicht, wo unterrichten Sie jetzt?

Eine Musterbrigade hat eine Mauer in Rekordzeit hochgezogen und damit ihren Teilplan vorfristig erfüllt. Der Brigadier wird zum Leiter des Baukombinats gerufen, um eine Prämie in Empfang zu nehmen. Bevor er geht, sagt er zu seiner Brigade: „Haltet so lange die Mauer fest, ich gehe mal eben das Geld holen."

Ein Arbeiter beschwert sich bei seinem Betriebsleiter: „Ich bekomme nicht den Lohn, der mir zusteht."
„Ja, das weiß ich", sagt dieser, „aber sollen wir dich denn verhungern lassen?"

Dialog zwischen zwei Sekretärinnen eines Volkseigenen Betriebes.
„Wie kommst du mit deinem Chef zurecht?"
„Prima. Wir verstehen uns sehr gut. Der Tag verläuft bei uns folgendermaßen: ein bißchen Arbeit, ein bißchen Liebe, ein bißchen Arbeit usw. Und wie ist es mit deinem Chef?"
„Ach, ich verstehe mich auch sehr gut mit ihm. Nur haben wir die Arbeit zwischendurch ganz abgeschafft."

Eine Frau legt vor einer Kommission die Prüfung zum Erwerb des Titels „Staatlich geprüfte Toilettenfrau“ ab.
Die erste Frage lautet: „Was bedeutet an einer Toilettentür der Buchstabe ‚H‘?“
Sie sagt: „Herren.“
Zweite Frage: „Was bedeutet an einer Toilettentür der Buchstabe ‚D‘?“
Sie antwortet nach langem Überlegen: „Damen.“
Dritte Frage: „Was bedeutet an einer Toilettentür der Buchstabe ‚F‘?“
Sie sagt nach noch längerem Überlegen: „Funktionäre.“
Alle Fragen sind richtig beantwortet, die Frau darf nun als staatlich geprüfte Toilettenfrau arbeiten. Als sie das Prüfungszimmer verlassen hat, fragen sie im Vorraum ein paar wartende Prüfungskandidaten, was für Fragen denn gestellt worden seien. Die Frau sagt: „Es waren zwei Fragen aus dem Fach und eine aus dem Marxismus-Lenismus.“

Ein Lastwagenfahrer, der seit Wochen ohne Ladung zwischen verschiedenen Baustellen hin und her gefahren war, erklärte den staatlichen Kontrolleuren zur Rechtfertigung: „Man hat mir die Kilometernorm so heraufgesetzt, daß ich meine Fahrten kaum noch schaffe und zum Ein- und Ausladen gar keine Zeit mehr habe.“

Weshalb bauen wir den Sozialismus auf?“
„Weil arbeiten zu mühsam wäre!“

Was ist für den Sozialismus typisch?“
„Wenn auf einer Baustelle neun Maurer nichts tun und faulenzen und einer wie wild arbeitet, dann ist dieser eine typisch.“

Was ist der Unterschied zwischen einem Penis und dem sozialistischen Arbeitstag?
Der Arbeitstag ist länger und härter.

Ein Arbeiter verläßt die Fabrik mit einer Schubkarre voll Sand. Der Pförtner fragt ihn, was er in der Karre habe. „Sand für meine Datscha“, sagt der Arbeiter. Der Pförtner wühlt in dem Sand, kann aber nichts weiter entdecken.
An den folgenden Tagen wiederholt sich dieser Vorgang. Nach zwei Wochen wird es dem Pförtner zu dumm. Er nimmt den Arbeiter zur Seite und fragt ihn: „Mal ganz ehrlich, Genosse, was klaust du eigentlich wirklich?“
„Schubkarren!“

Wie viele Leute arbeiten in diesem Betrieb?“
„Die Hälfte.“

Frei nach Karl Marx: Arbeit ist der Untergang der trinkenden Klasse!

Was ist sozialistische Arbeitsmoral?
Keiner muß wissen, was er will, aber das mit ganzer Kraft!

Das wachsende Lebensniveau der Werktätigen oder Die Nöte mit der täglichen Versorgung

Braucht die Schweiz ein Marineministerium?
Selbstverständlich, wir haben in der DDR ja auch ein Ministerium für Handel und Versorgung.

Die gute Fee geht spazieren. In Ostberlin trifft sie drei traurige Menschen. Ein alter Mann schluchzt, er habe sein Portemonnaie verloren. Ein Handwerker jammert, seine Datscha sei abgebrannt. Die Fee zaubert: Sofort ist das Geld wieder da, und die Datscha ersteht wie neu. Nun will die gute Fee dem dritten helfen. Der weint: „Ich bin der Minister für Handel und Versorgung." Da schluchzt die Fee bitterlich mit.

Seit Bestehen der DDR existiert die Parole: Der Westen muß ökonomisch überholt werden. Nun ist das gar nicht so einfach, sagen sich viele DDR-Bürger. Denn links können wir den Westen nicht überholen, da sind schon die Chinesen. Rechts überholen geht auch nicht, da sind die Kapitalisten. Bleibt nur noch, ihn durch Springen zu überholen. Aber das geht auf gar keinen Fall, weil man dann beim Anlaufnehmen wieder zurückgehen müßte.

Zwei Parteifunktionäre unterhalten sich:
„Ich verstehe unsere derzeitige wirtschaftliche Lage nicht."
„Ich kann sie dir erklären."
„Nein, danke, das kann ich auch, aber ich verstehe sie trotzdem nicht."

Stimmt es, daß der Bedarf an Konsumgütern in der DDR ab 1985 voll gedeckt sein wird?
Das ist richtig. Bis dahin wird ein neues Gesetz jede Nachfrage, die über die Herstellungskapazität hinausgeht, unter Strafe stellen.

Erich Honecker hatte in einer großen Rede die DDR-Bürger zu noch mehr Fleiß und Arbeitsleistung aufgerufen. Wörtlich sagte er: „Aus den Betrieben kann noch viel mehr herausgeholt werden." Seitdem gehen die Werktätigen nur noch mit großen Taschen zur Arbeit.

Ein DDR-Betrieb hat den Plan nur zu 75 % erfüllt, die Betriebsgewerkschaftsorganisation macht 85 % daraus, die Betriebsparteiorganisation frisiert das Ergebnis in 95 % um, der Leiter des Betriebes meldet an die zentrale Planungsbehörde in Ostberlin, daß der Plan zu 115 % erfüllt worden sei. Der Planungsbehörde kommen Zweifel über dieses gute Ergebnis. Schließlich akzeptiert sie es aber mit dem Argument: Dann nehmen wir von den 115 % eben 90 % für den Export und 25 % für den Inlandsbedarf.

Schneewittchen liegt im Glassarg und schläft tief. Zwerge, Vögel und Elfen bemühen sich vergeblich, Schneewittchen zu wecken. Da kommt ein schöner junger Prinz und flüstert Schneewittchen etwas ins Ohr. Schneewittchen erwacht und springt auf. Und was hat der Prinz geflüstert? „Im Konsum gibt es Bananen."

Keine Bretter für die Laube,
für Maschinen keine Schraube,
für das Klo kein Papier,
aber einen Sputnik haben wir.
Wir brauchen keinen Sputnik,
wir brauchen keinen Stern,
wir brauchen nur ein kleines,
ein kleines Röllchen Zwern.

In Dresden soll ein Kaufhaus den Namen „Weltall" erhalten.
Warum?
Immer ein Griff ins Leere.

Die staatliche Handelsorganisation HO soll in SED umgetauft werden: Selten Etwas Da.

Die Abkürzung SKET für das Schwermaschinenkombinat Ernst Thälman beinhaltet die wirtschaftliche Maxime volkseigener Betriebe: Sehen, Kaufen, Einlagern, Tauschen.

Die DDR wird jetzt in DGR umbenannt (Deutsche Gebirgs-Republik) – wegen der vielen Engpässe.

Warum steht an der Spitze des Bienenstaats eine Königin und kein Generalsekretär?
Sonst gäbe es statt Honig Scheiße.

Ein Kunde verlangt in einem Lebensmittelgeschäft Butter.
„Haben wir nicht", sagt die Verkäuferin.
„Dann hätte ich gern Margarine."
„Haben wir nicht."
„Dann bitte eine Flasche Speiseöl."
„Tut mir leid, haben wir nicht."
„Dann geben Sie mir bitte ein Gewehr!"
„Warum das denn?"
„Damit ich die Errungenschaften unseres Arbeiter- und Bauernstaates verteidigen kann!"

Was ist der Unterschied zwischen Donner, Blitz und Butter?
Den Donner kann man hören, den Blitz kann man sehen. Aber von der Butter ist nichts zu hören und nichts zu sehen!

Ich lese gerade ein ganz neues Buch."
„Wovon handelt es denn?"
„Ein Mann lernt eine schöne Frau kennen."
„Aha, ein Roman!"
„Sie verlieben sich unsterblich ineinander."
„Jetzt weiß ich, ein Liebesroman, eine Romanze."
„Sie heiraten, finden eine Wohnung und kaufen sich Möbel."
„Ah, jetzt ist alles klar, ein Märchen!"

Klagelied eines DDR-Verbrauchers

Im HO keine Verwandten,
im Konsum keine Bekannten,
aus dem Westen kein Paket,
und da fragste, wie's mir geht?

Unter dem Motto „Das Beste zum X. Parteitag“ wurde die DDR-Industrie in einer Kampagne zur Vorbereitung dieses Ereignisses zu neuen Höchstleistungen angespornt. Der Volksmund ergänzte das Motto: „Und den Rest für das Volk.“

Warum hängt in der DDR vor jedem Kaufhaus ein großer Hammer?
Damit sich die Kunden die Wünsche aus dem Kopf schlagen können.

DDR-Kosmonaut Jähn soll neuer Leiter einer HO-Ladenkette werden.
Warum?
Er kennt sich so gut mit luftleerem Raum aus.

Zwei Freunde treffen sich, der eine trägt einen Beerdigungskranz.
„Das tut mir leid, daß du einen Trauerfall in deiner Familie hast.“
„Quatsch, habe ich doch gar nicht, aber es gab gerade Kränze zu kaufen.“

Der Lehrer liest seinen Schülern vor: „...und Gott verteilte unter den Menschen Fisch.“
Ein Schüler, von seinen Eltern atheistisch erzogen, meldet sich: „Es gibt doch gar keinen Gott!“
Der Lehrer ist einen Augenblick konsterniert. Dann sagt er: „Ach, du mußt die ganze Geschichte doch symbolisch verstehen, es gibt ja auch keinen Fisch!“

Warum gibt es in der DDR immer so wenig Fleisch?
Damit soll vom Fischmangel abgelenkt werden.

Der Landwirtschaftsminister der DDR ruft Erich Honecker an:
„Genosse Honecker, der Spargel steht in diesem Jahr wie Telegrafenmasten.“
„Das ist ja großartig, wenn er so hoch und dick gewachsen ist.“
„Nein, nicht so hoch und dick – so weit auseinander!“

Auf einer Betriebsversammlung sagt der Parteisekretär: „Ab sofort wird die Arbeitsleistung verdoppelt und der Lohn um die Hälfte gekürzt. Wer dagegen ist, wird gehängt."
Stimme aus dem Hintergrund:
„Gibt es denn genug Stricke, oder muß jeder seinen eigenen mitbringen?"

In Weimar drängt man den letzten kleinen privaten Lebensmittelhändler, sein Geschäft der staatlichen Handelsgesellschaft HO anzuschließen. Er weigert sich standhaft. Darauf errichtet der Staat neben seinem Geschäft rechts und links je ein HO-Lebensmittelgeschäft. Der clevere Ladenbesitzer weiß sich zu helfen. Er hängt ein Schild über seine Ladentür: „Haupteingang."

Wie kann man die Mark der DDR aufwerten?
Ganz einfach: Man bohrt Löcher hinein und verkauft sie als Knöpfe.

Eine Ostberliner Hausfrau schimpft über die schlechte Versorgungslage. „Heute gab es in den Geschäften wieder so gut wie nichts. Mein Kühlschrank ist fast leer. Wie soll ich nur meine Familie satt kriegen?"
Rät ihr die Nachbarin: „Du mußt den Kühlschrank an den Radioapparat anschließen. Im Rundfunk haben wir doch immer alles in Hülle und Fülle!"

Eine Dresdener Hausfrau geht in ein Lebensmittelgeschäft und verlangt ein Pfund Kaffee.
„Haben wir leider zur Zeit nicht", sagt die Verkäuferin.
„Dann bitte 200 Gramm Tee."
„Tut mir leid, Tee ist leider ausgegangen."
„Dann hätte ich gern Kakao."
„Den bekommen wir in den nächsten Tagen wieder rein."
„Ja, was haben Sie denn überhaupt?"
Die Verkäuferin: „Bis 18 Uhr geöffnet!"

Ein Bundesbürger, der zum erstenmal in der DDR ist, erzählt seinen Verwandten nach einem Stadtbummel: „So hoch sind doch die Preise für Textilien gar nicht. Ich habe in einem Schaufenster einen Mantel für 30 Mark, eine Hose für 20 Mark und ein Hemd für 10 Mark gesehen."
„Das ist schon richtig, nur handelt es sich bei diesem Laden nicht um ein Textilgeschäft, sondern um eine Reinigung."

Eine Hausfrau aus Rostock hat nach langem Schlangestehen in einer Metzgerei einen Schweinskopf erstanden. Sie zeigt ihrer Freundin die Beute. „Der hat ja gar keine Zunge", sagt diese.
„Du hast recht", bestätigt die Hausfrau, „das merke ich jetzt erst. Warum wohl nur?"
„Na, ist doch klar, damit die Zunge nicht verraten kann, wo das übrige Fleisch hingegangen ist."

Ein Freund fragt den anderen: „Hast du schon von dieser schrecklichen Flugzeugentführung gehört? An Bord der Maschine sind 90 DDR-Bürger, und die Forderung der Entführer ist für unsere Regierung unerfüllbar!"
„Was verlangen sie denn?"
„Eine nagelneue PKW-Auspuffanlage."

Eine Frau kommt in einen HO-Laden und fragt hintereinander nach Bettwäsche – nein, gibt es nicht; Tischtücher – gibt es nicht; Geschirrtücher – gibt es nicht; Schlüpfer – ja, die gibt es, „aber nur, wenn Ihnen Ihr Betrieb bescheinigt, daß Sie eine gebückte Tätigkeit ausüben."

Fast allen DDR-Zigarettenmarken hat man politische Bedeutungen unterlegt. So heißt TURF (auf der Schachtel ist eine Peitsche abgebildet) abgekürzt: Tausende Unter Russischer Fuchtel;
SALEM: Stalin, Adolf, Lenin, Ebert, Marx – alle in einer Schachtel;
CASINO: Conrad Adenauer Sitzt Immer Noch Oben.

Warum kostet in der DDR eine Straßenbahnfahrt nur 25 Pfennig, im Westen aber 1,50 Mark?
Weil man in der DDR mindestens sechsmal nach einem Artikel fragen muß, den man im Westen auf Anhieb bekommt.

Ein Mann schleppt eine riesige Tasche über den Alex in Ostberlin. Fragt ihn ein Bekannter: „Was hast du denn da drin?"
„Toilettenpapier."
„Warum denn so viel?"
„Es lohnt sich nicht, kleine Mengen zum Reinigen zu bringen."

Die großen Kaufhäuser in der DDR brauchen nur noch zwei Verkäuferinnen anzustellen."
„Warum denn?"
„Eine steht unten an der Rolltreppe und sagt zu jedem, der kommt: ‚Das haben wir nicht!' Und die andere steht am oberen Ende und sagt: ‚Und das kriegen wir auch nicht wieder rein!'"

Ein Kunde verlangt in einem Lebensmittelgeschäft Kaffee. Der Verkäufer bedauert: „Leider haben wir zur Zeit keinen Kaffee."
„Sie können ja auch gar keinen haben, der wird ja schließlich nach Australien exportiert."
„Warum gerade nach Australien?"
„Weil wir dafür Känguruhs kaufen. Und von denen lernen wir dann, wie man mit leeren Taschen herumläuft."

Ein Kunde verlangt in einem Eisenwarengeschäft ein Türschloß.
„Das haben wir leider nicht."
Der Kunde verlangt ein Sicherheitsschloß.
„Das haben wir leider nicht."
Der Kunde fragt nun nach einem Hängeschloß.
„Das haben wir leider auch nicht."
„Ja, warum haben Sie denn dann Ihren Laden überhaupt geöffnet?"
„Weil wir kein Schloß haben."

Ein Gast verlangt in einem Restaurant einen „Tee ohne Rum". Darauf der Kellner: „Das tut mir leid, Rum haben wir zur Zeit nicht, darf es auch ‚Tee ohne Zitrone' sein?"

Ein DDR-Bürger ist gestorben und kommt zur Hölle. Dort stehen über zwei großen Toren die Aufschriften „Westhölle" bzw. „Osthölle". Der Mann verspricht sich von der Westhölle größere Vorteile und geht hinein. Dort muß er gleich ins Fegefeuer, wird mit heißen Zangen gezwickt und muß in siedendem Öl baden. Und das Tag und Nacht und immer wieder. Geschockt fragt er einen der Teufel, wie es denn in der Osthölle zugehe. Der Teufel erklärt ihm, daß es dort eigentlich genauso sei wie in der Westhölle. Man habe dort aber große Lieferschwierigkeiten: Das Fegefeuer ginge ständig aus, weil man keine Kohlen habe; mit Zangen werde nur selten gezwickt, weil die Stahlproduktion nicht nachkomme; Öl sei bisher noch nie geliefert worden.

Was ist ein Sex-Shop in der DDR?
Ein Geschäft mit nackten Regalen.

Haben Sie keinen Zollstock?" fragt der Kunde in einem Geschäft. „Keinen Zollstock gibt's nebenan", sagt die Verkäuferin, „wir haben keine Turnhosen."

Ein Ehemann erwischt seine Frau in flagranti mit ihrem Liebhaber im Bett. Entsetzt ruft er: „Ihr macht hier rum, und im HO gibt's Bananen!"

Bei der Eröffnung des ersten Selbstbedienungsgeschäfts in Ostberlin preist ein SED-Funktionär die Vorzüge dieses neuen Ladentyps: „Hier braucht man nicht mehr auf die Verkäuferin zu warten, Schlangestehen gehört der Vergangenheit an, und man hat einen vorzüglichen Überblick über das Warenangebot."
„Ja, ja", murmelt ein Kunde, „und außerdem kann man in Zukunft zu sich selbst sagen: ‚Das haben wir leider nicht vorrätig!'"

Ein SED-Funktionär hält eine Rede vor Arbeitern in einem Betrieb: „Die Zusammenarbeit mit den sozialistischen Bruderstaaten hat die Leistungskraft unserer Volkswirtschaft wesentlich erhöht. Unser Lebensstandard ist dadurch..."
Ein Arbeiter unterbricht ihn: „Wir brauchen Klopapier!"
Der Funktionär fährt fort: „Unser Lebensstandard ist durch die brüderliche Zusammenarbeit mit den anderen sozialistischen Staaten..."
Der Arbeiter ruft wiederum: „Wir haben kein Klopapier!"
Der Funktionär verliert die Beherrschung und schreit den Arbeiter an: „Leck mich doch am Arsch..."
Darauf der Arbeiter: „Das würde das Problem nur vorübergehend lösen."

Die neueste Errungenschaft des real existierenden Sozialismus: In der DDR gibt es jetzt Bananenautomaten. Man steckt oben eine Banane rein und unten kommen zwei Mark raus.

Ein Arbeiter will seinem Sohn Schuhe kaufen.
„Wir haben zur Zeit keine Kindergrößen vorrätig", sagt die Verkäuferin bedauernd.
„Dann möcht ich ein Paar für mich, Größe 44."
„Tut mir leid", sagt die Verkäuferin, „die bekommen wir erst demnächst wieder rein."
„Dann nehme ich ein Paar Damenschuhe für meine Frau, Größe 38."
„Da muß ich Sie auch enttäuschen, davon habe ich gerade das letzte Paar verkauft."
Da sagt der Arbeiter: „Macht nichts, dann werden wir den Kapitalismus eben barfuß überholen!"

Frei nach Bertolt Brecht:

Und der Haifisch, der hat Zähne
und die trägt er im Gesicht.
Meine Oma, die hat keene,
Zahngold gibt's für Ostgeld nicht.

Ein neues HO-Feinschmeckerlokal wirbt damit, jedem 100 Mark zu zahlen, der eine Spezialität bestellt, die man nicht servieren könne. Ein Gast bestellt sich überbackenes Elefantenohr mit Brötchen. Der Ober fragt noch, ob der Gast indischen oder afrikanischen Elefanten, rechtes oder linkes Ohr wünscht. Kurz darauf schleppen zwei Kellner eine Platte mit dem überbackenen linken Ohr eines indischen Elefanten herbei. Dann kommt der Ober und überreicht dem Gast die 100 Mark. Der Gast versteht das nicht.
„Es tut mir leid", bedauert der Ober, „wir haben keine Brötchen."

Ein sehr alter Rentner kommt in ein Delikatessengeschäft und möchte Räucheraal haben. Der ist nicht vorrätig. Ungarische Salami? Auch nicht vorrätig. Ohne sich zu beschweren, geht der Rentner wieder. Daraufhin sagt die Verkäuferin zu ihrer Kollegin: „Ist es nicht erstaunlich, welch gutes Gedächtnis die Leute haben?"

Erich Honecker besichtigt einen Volkseigenen Betrieb und fragt den Werkleiter, ob er für die Übererfüllung des Plans eine Prämie erhalten habe.
Der Werkleiter: „Ja, natürlich."
Honecker: „Was haben Sie denn mit dem Geld gemacht?"
„Ich habe mir ein Auto gekauft und den Rest gespart."
Honecker findet das sehr lobenswert und stellt nun dieselben Fragen einem Meister.
„Ich habe mir ein Motorrad gekauft und den Rest gespart."
Honecker findet auch das sehr lobenswert und fragt nun einen Arbeiter, was der mit seiner Prämie gemacht habe.
„Ich habe mir ein Oberhemd gekauft."
Als Honecker sich nach dem Rest erkundigt, sagt der Arbeiter: „Den Rest hat mir meine Mutter dazugezahlt."

Warum gibt es in den Metzgereien so wenig Fleisch?
Weil die Ochsen in der Regierung sitzen, die Schafsköpfe arbeiten und die Schweine beim Staatsicherheitsdienst schlafen.

Auf der Leipziger Messe zeigt die DDR-Industrie Fleischereimaschinen. Ein DDR-Bürger zeigt sich sehr interessiert an den einzelnen Fabrikaten und fragt den Firmenvertreter nach Einzelheiten. „Das ist z.B. eine Hochleistungswurstmaschine für Großfleischereien", erklärt dieser, „mit ihr kann man eine Großstadt wie Leipzig mit Wurst versorgen."
„Das ist ja großartig", sagt der Mann, „und warum tut man es dann nicht?"

Warum ist das Rindfleisch so knapp?
Weil die Entwicklung vom Sozialismus zum Kommunismus in der DDR so schnell vor sich geht, daß das Rindvieh einfach nicht folgen kann.

Werden bei uns in der DDR die Röcke länger getragen als im Westen?
Ja, das stimmt, Jahre länger.

Häschen geht in ein Schallplattengeschäft und verlangt Platten von Wolf Biermann. „Haben wir nicht", sagt der Händler. Häschen erscheint am nächsten Tag mit demselben Wunsch wieder in dem Geschäft und bekommt dieselbe Antwort. Das wiederholt sich so einige Tage. Als Häschen unbeirrt am nächsten Tag wiederkommt, hängt an der Tür des Ladens ein Schild mit der Aufschrift: „Geschlossen". Meint Häschen: „Hattu doch Biermann-Platten gehabt!"

Ein Gast studiert in einem Restaurant die Speisekarte. Als der Ober die Bestellung aufnehmen will, sagt der Gast: „Das erinnert mich sehr an unsere demokratischen Freiheiten."
„Wieso?" fragt der Ober erstaunt.
„Ist doch klar: Hier auf der Speisekarte ist auch alles gestrichen."

Was hat „Kaffeemix" mit der Neutronenbombe gemeinsam?
Die Tassen bleiben heil.

In Amerika schüttet man Kaffee ins Meer, um die Preise hochzuhalten. In unseren Gaststätten sollte man mehr Kaffee ins Wasser schütten, um die Preise zu rechtfertigen.

Was ist der Unterschied zwischen Sputnik III und einer HO-Bockwurst?
In Sputnik III ist ganz bestimmt ein Hund drin.

Schweine werden neuerdings in der DDR mit Sprengstoff geschlachtet.
Warum?
Das Fleisch fliegt in den Westen, die Knochen nach Polen und die Scheiße bleibt im Land.

Ein Kunde kommt wütend in ein Kaufhaus und knallt ein paar Sachen auf den Ladentisch: „Sie haben mir den letzten Dreck verkauft! Bei der Hose ist das eine Bein länger, bei der Jacke hatten sich bereits nach einem Tag alle Nähte gelöst und bei den Schuhen sind die Absätze abgebrochen!"
„Warum regen Sie sich denn so auf?" fragt die Verkäuferin besänftigend. „Wenn die Sachen von besserer Qualität wären, würden sie doch längst exportiert."

Wer überwacht die Produktion von Streichhölzern?
Der Minister für Kultur und Kunst, denn es ist eine Kunst, die Streichhölzer anzuzünden, und außerdem muß man viel Kultur haben, um dabei nicht zu fluchen.

Ein Mann verlangt am Bahnschalter eine Fahrkarte nach „Kürze". Der Beamte schaut im Kursbuch nach, kann den Ort aber nicht finden.
„Das verstehe ich nicht", sagt der Mann, „Erich Honecker hat doch neulich im Fernsehen gesagt, in Kürze würde es alles geben."

Der Arbeiter und der Klassenfeind,
im Intershop sind sie vereint.

Wodurch unterscheidet sich der Papst von den Leipzigern?
Der Papst fastet vor der Messe, die Leipziger danach.

Stimmt es, daß nach dem X. Parteitag die Grundlöhne um 50 % erhöht werden?
Im Prinzip ja, nur umgekehrt: nach dem 50. Parteitag um 10 %.

Was haben die volkseigenen Zündhölzer mit unserer Regierung gemeinsam?
Die Köpfe taugen nichts.

Helmut Schmidt und Erich Honecker sitzen beim Bier zusammen. Sagt Schmidt: „Meinen Leuten geht's sehr gut. Die verdienen alle mindestens ihre 2.000 Mark im Monat. 1.500 Mark verbrauchen sie, 500 Mark sind für den Sparstrumpf."
Honecker brummt: „Na und? Meine Leute verdienen 1.000 Mark im Monat, verbrauchen 1.500 Mark, und wo die übrigen 500 Mark hingehen, kriegen wir auch noch raus!"

Ein altes Mütterchen kommt vom Land nach Ostberlin und fragt dort auf der Straße nach dem Kaufhaus „Prinzip".
„Das gibt es hier gar nicht", bekommt es zur Antwort.
„Das muß es aber geben", beharrt das Mütterchen. „Neulich hat unser Staatsratsvorsitzender Honecker im Fernsehen gesagt, daß die Preise im Prinzip nicht erhöht worden sind."

Erich Honecker kommt von einem Besuch aus der Bundesrepublik nach Ost-Berlin zurück. Fragt ihn ein Spitzengenosse: „Nun, wie war's in der BRD?"
Honecker: „Eigentlich wie bei uns: Wenn man Westgeld hat, kann man alles kaufen."

Ein West-Besucher sieht in einem Intershop an der Wand ein Bild von Erich Honecker. Der Besucher fragt die Verkäuferin: „Ist das Ihr Staatsoberhaupt?"
Die Verkäuferin: „Nein, das ist unser Oberkassierer."

Die Existenz der Intershop-Läden in der DDR beweist, daß der Kapitalismus dem Sozialismus organisatorisch überlegen ist.
Warum?
Der Westen ist in der DDR überhaupt nicht präsent, und schon hat er eine Ladenkette aufgebaut.

Vorschlag für ein neues Lohnschema in der DDR:
ein Drittel ist in Dollars auszuzahlen für die Intershops,
ein Drittel in West-Mark für die Handwerker und ein Drittel in DDR-Mark für den Parteibeitrag und die Solidaritätsspenden für Vietnam.

Was ist das? Es ist mindestens dreißig Meter lang, hat viele Beine, man kann es überall sehen, es will Fleisch fressen, ist aber froh, wenn es Kartoffeln bekommt?
Die Schlange vor den Fleischerläden.

Ein Besucher aus der Bundesrepublik sieht vor einem Lebensmittelgeschäft eine lange Schlange stehen. Erklärt ihm ein DDR-Bürger: „Ja, kein Paradies ohne Schlange!"

Als Walter Ulbricht nach seinem Sturz keine Ämter mehr innehatte, schickte ihn seine Frau zum Einkaufen. Er mußte stundenlang schlangestehen und kam total erschöpft nach Hause. „Kaum habe ich in diesem Staat nichts mehr zu sagen, und schon klappt nichts mehr!"

Ein Journalist will den DDR-Raumfahrer Jähn besuchen. Er trifft in dessen Haus nur seinen Sohn an.
„Wo ist denn dein Vater?"
„Der ist gerade im Weltall und kommt in 173 Minuten zurück."
„Und wo ist dein großer Bruder?"
„Der ist zum Mond geflogen und kommt in drei Tagen, vier Stunden und dreißig Minuten zurück."
„Und wann ist deine Mutter wieder hier?"
„Das weiß ich nicht, sie steht Schlange vor dem HO."

Welches ist die frommste Stadt der DDR?
Leipzig. Hier fasten die Bürger von einer Messe zur anderen.

DDR-Volksweisheit: Früher war kriminell, wer Westgeld besaß, heute ist asozial, wer keins besitzt.

Wie nennt man eine Menschenschlange vor einem Geschäft?
Sozialistische Wartegemeinschaft.

Was macht ein DDR-Bürger, wenn er in der Wüste eine Schlange sieht?
Er stellt sich hinten an.

Warum lassen die Metzger in der DDR abends bei Ladenschluß immer eine Wurst im Laden hängen?
Damit die Leute am nächsten Morgen nicht nach Kacheln anstehen.

Der Verkäufer eines Lebensmittelgeschäfts ruft den in einer Schlange Wartenden zu: „Nicht drängeln, es sind genug Bananen für alle da."
Stimme aus der Schlange: „Dafür müssen wir auch die alten Schalen mitbringen."

Der Rat des Kreises nimmt jetzt die Zuteilung von Wohnungen viel schneller vor."
„Ja, wirklich?"
„Ja! Als ich neulich aus dem Kino kam, war meine Wohnung schon jemand anderem zugeteilt."

Stimmt es, daß die Amerikaner mehr Autos haben als die DDR-Bürger?
Das ist richtig. Aber wir haben dafür mehr Parkplätze.

Spitzname der DDR im Ostblock wegen ihres hohen Lebensstandards: Iwan de Luxe.

DDR-Baukombinate haben speziell für Ostberlin einen neuen zweistöckigen Häusertyp entwickelt, der den Vorteil hat, daß man mit ihm auf rationelle Weise Baumaterial einsparen kann. Dieser Häusertyp kommt sogar ohne Toiletten aus.
Wie das geht?
Im Parterre wohnen Normalverbraucher, die haben nichts zu scheißen.
Im ersten Stock wohnen SED-Funktionäre, die dürfen nicht austreten.
Und im zweiten Stock wohnen Mitglieder der Regierung, die ohnehin wegen jedes Scheißdrecks nach Moskau fliegen.

Gibt es eine marxistisch-leninistische Definition für das Auto?
Selbstverständlich: Das Auto ist ein Fahrzeug mit vier Rädern, in dem das werktätige Volk in Gestalt seiner freigewählten Funktionäre fährt.

Warum ist der „Trabant" das leiseste Auto der Welt?
Weil einem während der Fahrt die angezogenen und zusammengedrückten Knie die Ohren zuhalten.

In Ostberlin stoßen bei einem Verkehrsunfall drei Autos zusammen: ein amerikanisches, ein westdeutsches und ein DDR-Wagen. Alle drei Autos sind völlig demoliert. Der Amerikaner betrachtet sich den Schaden und sagt: „Mein schöner Cadillac, für ihn muß ich ein Vierteljahr arbeiten."
Sagt der Westdeutsche: „Mein schöner Mercedes, für ihn muß ich ein halbes Jahr arbeiten."
Sagt der DDR-Bürger: „Mein schöner Trabant, für ihn muß ich ein ganzes Leben arbeiten."
Sagt der Amerikaner: „Warum kaufst du dir auch so ein teures Auto!"

DDR-Volksweisheit:
Die unten laufen sich 'nen Wolf,
die oben kaufen sich 'nen Golf.

Der „Trabant" soll in „Luther" umbenannt werden.
Warum? Schon Luther sagte: „Hier stehe ich, ich kann nicht anders."

Kann man mit unserem „Trabant" mit 100 Sachen über eine holprige Straße fahren?
Warum nicht? Aber nur einmal!

Der „Trabant" macht spielend mehr Qualm als zehn amerikanische Staßenkreuzer. Das liegt am Takt. Ein Zweitakter verbraucht zwar mehr Benzin, nutzt dies aber viel intensiver für die Umweltverschmutzung und die Gesundheitsschädigung aus.

Warum importierte die DDR 1978 statt 10000 10001 Golf aus der Bundesrepublik?
Damit niemand behaupten konnte, sie wären nur für die oberen Zehntausend bestimmt.

Eigentlich dürften sich in der DDR nur Rentner einen „Golf" kaufen, weil nur sie zur Inspektion in die Bundesrepublik fahren können.

In Amerika bezweifelt man, daß der DDR-Kosmonaut Jähn wirklich im Weltall war. Der Präsident beschließt deshalb, eine Apollo-Kapsel nach oben zu schicken, um nachsehen zu lassen. Nach einer Woche kehren die US-Astronauten zur Erde zurück und erstatteten Bericht: „Doch, Herr Präsident, der DDR-Kollege war im Weltraum."
„Und der Beweis?"
„Am Großen Wagen fehlt der Auspuff."

Warum kann man in der DDR keine Autoreifen kaufen?"
„Weil sie mit Indien Autoreifen gegen Elefanten tauscht."
„Was sollen wir denn mit den Elefanten?"
„Der Zirkus im Land muß doch weitergehen."

Häschen kommt in ein Geschäft für Autozubehör und fragt: „Hattu Ersatzteile für ‚Trabant‘?“
„Nein.“
Häschen kommt am nächsten Tag wieder und stellt dieselbe Frage. Und wieder erhält es eine abschlägige Antwort. So geht das einige Tage, bis es dem Händler zu dumm wird. Er droht Häschen: „Wenn du noch mal kommst und fragst, hänge ich dich an den Ohren auf.“
Häschen bleibt standhaft und kommt am nächsten Tag wieder. Der Händler macht seine Drohung wahr und hängt Häschen an den Ohren an der Wand auf. Neben Häschen hängt zufällig ein Bild von Erich Honecker. Fragt Häschen: „Hattu auch nach Ersatzteilen gefragt?“

Eine Frau ist ganz verzweifelt, weil ihr Auto kaputt ist. Sie fleht den Automechaniker an, es doch sofort zu reparieren.
„Nur, wenn Sie mir eine Nacht schenken.“
Die Frau willigt ein.
„Dann gehen Sie bitte zur HO-Gärtnerei und stellen sich an. Dort gibt es Tomaten. Ich hole Sie morgen früh da ab.“

Warum hat der „Trabant“ zwei Auspuffe?
Damit man ihn zur Not auch als Schubkarre benutzen kann.

Als der DDR-Kosmonaut Jähn wieder einmal aus dem All zurückkommt, fragt ihn ein Bekannter: „Siegmund, du bist so weit in der Welt herumgekommen, kannst du mir vielleicht sagen, wo ich einen Auspuff für meinen Trabant herbekommen kann?“

Das Centrum-Warenhaus am Alex in Ost-Berlin (das an Wochenenden hauptsächlich von Polen aufgesucht wird) soll aufgestockt werden: Es bekommt eine deutschsprachige Abteilung.

Warum wird in den Geschäften rund um den Alex in Ostberlin jeden Mittag um 12 Uhr die polnische Nationalhymne gespielt? Damit die Deutschen auch mal einkaufen können.

Warum ist der Alex in Ost-Berlin rundherum betoniert?
Damit die Polen nicht auch noch ihre Kühe mitbringen.

Aus der Ost-Berliner U-Bahn steigt Rauch auf. Auf dem Alex bleiben die Menschen stehen.
„Vermutlich ein Brand in der U-Bahn“, sagt ein Passant.
„Nein, nein“, sagt ein anderer, „das sind die Polen, die melden nach Hause, daß im ‚Centrum‘ neue Waren angekommen sind.“

Warum wird Papst Johannes Paul II. in Kürze Ost-Berlin besuchen?
Er ist der einzige Pole, der noch nicht im Centrum-Warenhaus eingekauft hat.

Zwischen der DDR und Polen wurde ein Kooperationsabkommen geschlossen. Die Werktätigen der DDR arbeiten für die Polen mit, dafür streiken die Polen für die DDR-Arbeiter.

Wie heißen Menschen, die kein Fleisch essen?“
„Vegetarier.“
„Nein, Polen.“

☆☆☆☆☆☆☆☆☆☆☆☆☆☆☆☆☆☆☆☆☆☆☆☆☆☆☆☆

Die Gedanken und Worte sind frei oder Das Ohr des Staates ist überall

☆☆☆☆☆☆☆☆☆☆☆☆☆☆☆☆☆☆☆☆☆☆☆☆☆☆☆☆

Dürfen wir in der DDR jederzeit frei und offen sagen, was wir denken?"
„Selbstverständlich, aber natürlich dürfen wir niemals etwas denken, was wir nicht frei und offen sagen dürfen."

Die DDR soll ein neues Staatswappen bekommen, das eine Ziege und eine Taube enthält.
Warum?
Wer meckert, fliegt.

Wie heißt das Nationalgericht der DDR?
Gedämpfte Zunge.

Gibt es in der DDR einen freien Gedankenaustausch?
Selbstverständlich. Man kommt mit eigenen Gedanken zur Partei und kehrt mit den Gedanken des Parteisekretärs wieder zurück.

In der DDR gibt es eine neue Zeitung. Ihr Name: „Die Klappe".
90 % der DDR-Bürger halten sie schon.

Was ist der schwerste Körperteil in der DDR?
Der Mund. 17 Millionen Menschen müssen ihn halten.

Auf einem internationalen Kongreß tauschen Hals-, Nasen-, Ohrenärzte ihre Erfahrungen aus. Ein Amerikaner sagt, daß in den USA eine Mandeloperation nur noch fünf Minuten dauere.
Darauf ein DDR-Arzt: „Bei uns dauert eine solche Operation drei Stunden." Erstaunt fragen die anderen Kollegen nach dem Grund.
Der DDR-Arzt erklärt: „Bei uns wagt ja keiner das Maul aufzumachen; daher müssen wir Mandeloperationen rektal durchführen."

Zwei Stecknadeln gehen in Ost-Berlin spazieren. Flüstert die eine plötzlich: „Vorsicht, dreh dich nicht um, hinter uns geht eine Sicherheitsnadel!"

An der Sektorengrenze in Berlin treffen sich zwei Hunde, der eine aus dem Osten, der andere aus dem Westen der Stadt. Fragt der letztere: „Warum bist du denn hierhergekommen? Gibt es drüben nicht genug zu fressen?"
„Doch, doch", sagt der Hund aus dem Osten, „aber ich möchte mal wieder richtig kläffen können."

Durch die nächtliche Stille Ostberlins singt ein Mann das Deutschlandlied. Sofort ist eine Vopo-Streife zur Stelle.
„Warum haben Sie das Deutschlandlied gesungen?"
„Ich hatte zuerst um Hilfe gerufen, weil ich überfallen worden bin. Da ist aber niemand gekommen."

Große Diplomatenjagd. Erich Honecker geht anschließend die Strecke ab und zählt über 400 erlegte Hasen. Peinlich berührt ihn nur, daß der Staatssicherheitsdienst zu diesem stolzen Ergebnis nicht einen einzigen Hasen beigetragen hat. Und die Leute vom Staatssicherheitsdienst sind auch weit und breit nicht zu sehen. Honecker macht sich persönlich auf die Suche nach ihnen. Nach über einer Stunde entdeckt er die Stasi-Leute auf einer einsamen Waldlichtung, wie sie gerade ein Hauskaninchen verprügeln und dazu sagen: „Gesteh, daß du ein Hase bist!"

Warum wird es in der klassenlosen kommunistischen Gesellschaft keinen Staatssicherheitsdienst mehr geben?
Weil wir bis dahin gelernt haben, uns selbst zu verhaften.

Nachts um zwei Uhr klopft es an der Wohnungstür der Familie Müller in Eisenach. Alle Familienmitglieder fahren zusammen und vermuten das Schlimmste. Da meldet sich die Stimme des Hausmeisters aus dem Flur: „Sie brauchen keine Angst zu haben. Es ist nichts weiter. Das Haus brennt nur!"

Ich habe für 500 Mark einen Farbfernseher bekommen."
„Wie ist denn das möglich?"
„Ganz einfach, das Bild ist schwarz-weiß, der Ton ist rot."

Auf einer Parteiversammlung werden die Anwesenden zu Fragen und Diskussionsbeiträgen aufgefordert. Nach einiger Zeit meldet sich zögernd der Genosse Meyer.
„Ich habe drei Fragen: Warum darf ich nicht in die Bundesrepublik ausreisen? Warum wird meine Post ständig von der Staatssicherheit gelesen? Und warum wird mein Telefon abgehört?"
Der Versammlungsleiter verspricht, der Sache nachzugehen und die Fragen beim nächsten Mal zu beantworten. Auf der nächsten Versammlung erhebt sich gleich zu Beginn ein Teilnehmer und sagt: „Genossen, ich habe nur eine Frage: Wo ist der Genosse Meyer?"

Erich Honecker kann seine goldene Uhr nicht finden. Er ruft Staatssicherheitsdienstchef Mielke an.
„Mir ist meine goldene Uhr gestohlen worden."
Mielke verspricht, der Sache nachzugehen. Am nächsten Tag findet Honecker seine Uhr wieder. Sofort ruft er Mielke an und teilt ihm das mit.
„Zu spät", sagt Mielke, „wir haben schon zehn Leute verhaftet, und alle haben gestanden."

Auf seinem nächtlichen Heimweg wird ein Mann in Dresden plötzlich von einem Fremden bedroht: „Hände hoch! Keine Bewegung und Geldbörse her!"
Darauf sagt der Mann erleichtert: „Ach so, ich dachte schon, Sie wären vom Staatssicherheitsdienst."

Eine große staunende Menschenmenge umsteht auf einem Platz in Ostberlin einen Mercedes vom neuesten Modell.
„Die Russen bauen doch die besten Autos der Welt. So ein wunderbarer russischer Wagen!" meint einer der Schaulustigen.
„Das ist doch ein Mercedes aus der BRD, du Trottel. Kennst du den denn nicht?" sagt ein anderer.
„Natürlich kenne ich einen Mercedes", gibt der Gefragte zurück, „aber kenne ich dich?"

Ein Amerikaner, ein Franzose und ein DDR-Bürger unterhalten sich darüber, was für sie das höchste Glück im Leben ist.
Der Amerikaner: „Wenn ich bei einem Geschäft viele Dollars verdiene."
Der Franzose: „Wenn ich eine sehr schöne Frau kennenlerne."
Der DDR-Bürger: „Wenn es nachts an meiner Wohnungstür klopft und da zwei Leute vom Staatssicherheitsdienst stehen. Sie fragen nach Herrn Otto Müller, und ich kann ihnen ruhig sagen, daß der ein Stockwerk höher wohnt."

Wie setzt sich der Beton für die Wohnungen westlicher Diplomaten und Journalisten in Ost-Berlin zusammen?
Ein Teil Zement, drei Teile Sand und vier Teile Mikrophone.

Dem Staatssicherheitsdienst der DDR war eine verschlüsselte Botschaft in die Hände gefallen. Sie lautete: DDR – BKS – FDGB – KOREA. Nach kurzer Zeit hatten hochkarätige Spezialisten sie entschlüsselt: Die Drei Räuber – Brandt Kiesinger Strauß – Für Den Galgen Bereithalten – Komme Ostern Retour Euer Adolf.

Ein Exhibitionist produziert sich in Ost-Berlin auf dem Alex. Ein Polizist nimmt ihn fest und führt ihn ab. Der Mann ist immer noch halb nackt. Der Polizist fordert ihn auf, wenigstens seine Hose wieder anzuziehen. Sagt der Exhibitionist: „Das könnte dir so passen. Dann würden mich ja alle Leute hier für einen politischen halten."

Ein Mann kommt zum Staatssicherheitsdienst. „Mein Papagei ist mir weggeflogen", sagt er.
Mürrisch erwidert der Beamte: „Mit so etwas geben wir uns nicht ab; wir sind hier die politische Polizei."
„Ja, das weiß ich, deswegen komme ich ja", sagt der Mann. „Ich möchte hiermit zu Protokoll geben, daß ich die politischen Ansichten meines Papageis nicht teile."

Der Staatssicherheitsdienst verhört einen Mann, der politische Witze über die DDR erzählt haben soll.
„Wie können Sie über unsere demokratische Regierung Witze reißen, die doch vom Volk frei gewählt ist?"
„*Der* Witz ist aber nicht von mir!"

Könnten wir nicht in der DDR unsere Spionagedienste abschaffen?
Eigentlich schon. Aber was sollen wir dann mit den vielen Arbeitslosen machen?

Bonmot unter DDR-Fernsehleuten: Die „Aktuelle Kamera" (Nachrichtensendung des DDR-Fernsehens) braucht den gefesselten Zuschauer.

Stimmt es, daß es in letzter Zeit in der DDR immer mehr Stereoanlagen gibt?"
„Das ist richtig. Es müßte Ihnen doch aufgefallen sein, daß man überall von allen Seiten dasselbe hört."

Ein Parteifunktionär preist auf einer Versammlung in Ost-Berlin die Fortschritte im Wohnungsbau an.
„Wir haben in der Leipziger Straße fünf neue Wohnblocks gebaut, in der Lenin-Allee zehn und in der Rosa-Luxemburg-Straße acht."
Sagt ein Genosse: „Also, ich gehe da jeden Tag mehrmals lang. Ich habe da noch nie neue Wohnblocks gesehen."
„Du sollst auch nicht in der Gegend herumspazieren, sondern gründlich das ‚Neue Deutschland' lesen."

Zwei DDR-Bürger treffen sich.
„Wie geht's?"
„Danke, sehr gut."
„Liest du auch jeden Tag die Zeitung?"
„Natürlich, sonst wüßte ich ja nicht, daß es mir so gut geht."

Der Opa liest im „Neuen Deutschland", der kleine Enkel macht seine Schularbeiten. Sagt der Opa plötzlich: „Warum lernt ihr nur Buchstaben? Wenn du mal groß bist, mußt du doch nur zwischen den Zeilen lesen können!"

Kennedy, Hitler und Napoleon unterhalten sich im Himmel über ihre Taten auf Erden.
Kennedy: „Wenn die USA einen so guten Geheimdienst wie den Staatssicherheitsdienst der DDR hätten, wäre das Attentat in Dallas auf mich nicht passiert."
Hitler: „Wenn ich eine so gute Truppe wie die Volksarmee gehabt hätte, wäre der Zweite Weltkrieg für mich nicht verlorengegangen."
Napoleon: „Wenn ich damals eine so gute Zeitung wie das ‚Neue Deutschland' gehabt hätte, wüßte heute noch niemand, daß ich die Schlacht bei Waterloo verloren habe."

Der DDR-Fernsehjournalist Karl Eduard von Schnitzler, der die berüchtigte Sendung „Der schwarze Kanal" (über die Bundesrepublik) moderiert, ist in der DDR allgemein nur als Karl Eduard von Schnitz bekannt.
Warum?
Herr von Schnitzler kommt nie dazu, seinen Namen vollständig auszusprechen. Kaum ist er auf dem Bildschirm erschienen und stellt sich vor, haben die DDR-Bürger auch schon das Fernsehgerät abgeschaltet.

Das Abbild vom neuen Menschen oder Die Kunst als bloße Propaganda der Partei

Was ist der Unterschied zwischen Impressionismus, Expressionismus und sozialistischem Realismus?
Der Impressionist malt, was er sieht, der Expressionist malt, was er fühlt, und der sozialistische Realist malt, was er hört.

Es war einmal ein blutrünstiger Tyrann, der ziemlich mißgestaltet war: Er hatte nur ein Auge und ein Bein, zudem hatte er einen Buckel. Der Tyrann wollte sich nun malen lassen, um sein Porträt der Nachwelt zu überliefern. Er bestellte bei einem berühmten Meister ein Bild. Der stellte ihn – aus Angst vor dem Tyrannen – als sehr schönen Jüngling dar. Natürlich ohne seine Mißbildungen. Der Tyrann fühlte sich verschaukelt und ließ den Meister auf der Stelle hinrichten. Dann beauftragte er einen anderen berühmten Maler mit der Aufgabe. Dieser malte ihn ganz naturgetreu. Der Tyrann erschrak über sein eigenes Aussehen und ließ auch diesen Maler sofort hinrichten. Der dritte Maler, der schließlich den Auftrag übernehmen mußte, stand daher vor einer sehr schwierigen Aufgabe. Er löst das Problem auf raffinierte Weise: Er malte den Tyrannen von der Seite, auf einem Pferd sitzend und gerade mit einem Gewehr zielend. Auf diese Weise konnte man nur das eine Bein und das eine Auge sehen, und der Buckel war durch die gebeugte Körperhaltung verdeckt. Von diesem Porträt war der Tyrann ganz begeistert. Und so ist der sozialistische Realismus entstanden.

Auf einer Bezirkskunstausstellung der DDR erregte ein Bild Aufsehen: Es zeigte ein nacktes Liebespaar auf einem Bett. Das Bild hatte keinen Titel, dafür aber eine Legende, in der es hieß: „Der Titel dieses Gemäldes ist den täglichen Überschriften des ‚Neuen Deutschland' zu entnehmen. Zu Hause griffen die Ausstellungsbesucher begierig zur Zeitung und lasen:
„Mit ganzer Kraft zu großen Leistungen für den Sozialismus."
„Neue Erfolge für den Sozialismus durch Anwendung neuer Techniken."
„Unsere Werktätigen erfüllen vorbildlich ihren Plan."
„Potenzen der arbeitenden Bevölkerung noch intensiver nutzen!"

Definition für den sozialistischen Realismus:
Die Darstellung einer führenden Persönlichkeit, die selbst diese noch verstehen kann.

Worin besteht der Unterschied zwischen Tragödie, Komödie und sozialistischem Realismus?"
„Wenn Sie ein Mädchen kennenlernen und kein eigenes Zimmer haben, dann ist das eine Tragödie.
Wenn Sie ein Zimmer haben und kein Mädchen, dann ist das eine Komödie.
Haben Sie aber ein Zimmer und ein Mädchen und müssen zur Parteischulung gehen, dann ist das sozialistischer Realismus."

Was ist sozialistischer Realismus?
Ein Naturalismus, der Protektion im Zentralkomitee hat.

DDR-Künstler haben ein neues Emblem für den „Rat für gegenseitige Wirtschaftshilfe" (RGW oder COMECON) geschaffen: Auf rotem Grund melken sich sechs klapprige, ausgemergelte Kühe gegenseitig.

Der ewige Bruderbund mit dem Sowjetvolk oder Haßliebe zwischen ungleichen Partnern

Der Lehrer fragt seine Schüler im Unterricht: „Sind die Sowjets unsere Freunde oder unsere Brüder?"
Meldet sich ein Schüler: „Sie müssen unsere Brüder sein, denn Freunde kann man sich aussuchen."

Frage an Radio Eriwan:
Lieben die DDR-Bürger die Sowjets?
Radio Eriwan antwortet:
Im Prinzip ja, denn die Sowjets haben sie befreit.
Zusatzfrage:
Und hassen die DDR-Bürger die Amerikaner?
Radio Eriwan antwortet:
Natürlich, denn die haben sie ja nicht befreit.

Der Lehrer fragt seine Schüler: „Was wißt ihr über den Imperialismus?"
Ein Schüler meldet sich: „Der Imperialismus – besonders der westdeutsche – will unser Land erobern und ausbeuten."
„Sehr gut, weißt du noch mehr?"
„Zum Glück ist ihm aber die Sowjetunion zuvorgekommen."

Frage an Radio Eriwan:
Was ist der Unterschied zwischen einem Ostdeutschen und einem Westdeutschen?
Radio Eriwan antwortet:
Im Prinzip gibt es keinen, aber die Ostdeutschen müssen wir lieben.

Ein DDR-Fußballspieler beichtet dem Pfarrer, er habe am letzten Sonntag bei einem Pokalspiel seinen Gegenspieler furchtbar zusammengetreten.
„Da hast du einen bösen Verstoß gegen die Gebote der christlichen Nächstenliebe begangen, mein Sohn. Gegen wen habt ihr denn gespielt?"
„Gegen Spartak Moskau."
„Ach so; Jungen sind Jungen, die raufen schon mal!"

Für die Sowjetunion würde ich Tag und Nacht arbeiten und sogar noch Überstunden machen."
„Das ist ein großartiges Beispiel für sozialistische Arbeitsmoral. Was machen Sie denn beruflich?"
„Ich bin Totengräber."

Welches ist das neutralste Land der Welt?
Die DDR, denn sie darf sich noch nicht mal in ihre eigenen Angelegenheiten einmischen.

Ein sowjetischer Soldat, der in der DDR stationiert ist, beklagt sich bei einem Freund: „Die DDR ist kein zivilisiertes und kulturell hochstehendes Land. Hier gibt es noch nicht einmal eine Entlausungsstation."

Eine DDR-Familie besitzt einen Papagei, der nur den einen Satz sprechen kann: „Es lebe die Wiedervereinigung Deutschlands!" Eines Tages klingelt ein Mann vom Staatssicherheitsdienst an der Wohnungstür der Familie und möchte sich den subversiven Vogel anschauen. Der Hausherr weiß vor Schreck gar nicht so schnell, wo er den Papagei verstecken soll. Er tut ihn in die Tiefkühltruhe. Als der Mann vom Staatssicherheitsdienst unverrichteterdinge wieder gegangen ist, holt der Hausherr den Papagei schnell wieder aus der Tiefkühltruhe. Krächzend sagt dieser zur Verblüffung der Familie: „Es lebe die deutsch-sowjetische Freundschaft! Eine Stunde Sibirien war genug!"

Ein Mann hat am Kulturpalast in Leipzig sein Fahrrad abgestellt. Sofort kommt ein Volkspolizist angelaufen und sagt zu ihm: „Bitte stellen Sie das Fahrrad weg, in Kürze kommt hier eine sowjetische Delegation vorbei."
„Ach, das macht nichts, das Rad ist ja abgeschlossen."

Der Sputnik war der erste sowjetische Satellit, dem man freien Lauf gelassen hat.

Ein Mann schaut zwei Mädchen beim Rodeln zu.
„Was spielt ihr denn?"
„Wir spielen deutsch-sowjetische Freundschaft."
„Wie geht das denn?"
„Meine Freundin schiebt mich den Berg hinauf, und ich fahre dann allein wieder runter."

Zwei Bauern einer LPG blicken sorgenvoll auf ein Feld, auf dem das Getreide nach Regenfällen tief am Boden liegt. Sagt der eine Bauer: „Ach, so schlimm ist das gar nicht; es ruht sich nur aus für die lange Reise in die Sowjetunion."

Die Frau eines hohen SED-Funktionärs hat Zwillinge zur Welt gebracht. Die Jungen bekommen – aus Liebe zum Kommunismus – die Vornamen Erich und Leonid. Als eine Bekannte sie einmal fragt, wie sich die Kinder denn so verhalten, sagt die Mutter: „Immer wenn Leonid schreit, hat Erich die Hosen voll."

Was ist Mißtrauen?
Wenn jemand in Schwedt/Oder die aus der Sowjetunion kommende Erdölleitung anbohrt, um sich zu vergewissern, in welche Richtung das Öl fließt.

Der ungarische Parteichef Kadar ist in Moskau bei Breschnew zu Besuch. Als sie abends zusammensitzen, fordert Breschnew Kadar auf, einen Wodka zu trinken. Kadar lehnt mit Hinweis auf seine angegriffene Gesundheit ab. Breschnew fordert ihn erneut auf: „Wenn du einen trinkst, bekommt du eine Zementfabrik." Kadar überlegt, lehnt aber dennoch ab. Breschnew bietet zwei Zementfabriken. Kadar lehnt wieder ab. Breschnew erhöht sein Angebot auf drei Zementfabriken.
Kadar vergißt seine Gesundheit und trinkt den Wodka.
Breschnew bekommt einen Lachanfall. Erstaunt fragt Kadar, warum er sich vor Lachen schüttele.
„Ich muß an das Gesicht von Erich Honecker denken, wenn er hört, daß er dir drei Zementfabriken liefern muß."

Ein Offizier der Nationalen Volksarmee fragt einen Rekruten: „Warum sind wir eigentlich für die Freundschaft mit der Sowjetunion?"
Der Rekrut legt die Stirn in Falten und überlegt lange. Dann sagt er plötzlich strahlend: „Genosse Offizier, das habe ich mich auch schon oft gefragt!"

Es gab 1977 genau 1.002 Feiern zum 60. Jahrestag der „Großen Sozialistischen Oktoberrevolution".
Warum gerade 1.002?
Nun, eine in Moskau, eine in Leningrad und 1.000 in der DDR.

Der Elefant ist vom Aussterben bedroht. Die Vereinten Nationen bilden eine Kommission, in der drei Staaten – die USA, die UdSSR und die DDR – den Vorsitz haben. Das Problem soll zunächst einmal wissenschaftlich angegangen werden. Deshalb erstellt jeder der drei Staaten ein Gutachten. Das der USA heißt: „Das Image des Elefanten. Eine verhaltenspsychologische Studie". Das Gutachten der UdSSR trägt den Titel: „Der Elefant nach dem 23. Parteitag". Die DDR überschreibt ihr Gutachten: „Der Elefant nach dem 23. Parteitag (deutsche Übersetzung) – ein Freund der Sowjetunion."

Die Parteiführer aller Ostblockstaaten treffen sich zu einer Konferenz in Moskau. Ceausescu findet auf seinem Stuhl eine Reißzwecke, wischt sie weg und setzt sich. Kania sieht auch eine Reißzwecke auf seinem Stuhl, preßt sie ins Holz und setzt sich. Auch Honecker findet auf seinem Stuhl eine Heftzwecke, deren Spitze nach oben zeigt. Er setzt sich drauf und sagt zu sich selbst: Die sowjetischen Genossen werden sich schon etwas dabei gedacht haben!

Ein Genosse wird aus einer Parteiversammlung herausgerufen. Nach ein paar Minuten kommt er wieder zurück und verkündet: „Die Sowjets sind auf dem Mond gelandet!"
Zaghafte Stimme aus dem Hintergrund: „Alle?"

Breschnew, Reagan, Frau Thatcher und Honecker sind gemeinsam auf einem kleinen Schiff, das plötzlich ein Leck bekommt und zu sinken droht. Damit das Schiff leichter wird, verlangt der Kapitän, daß ein Fahrgast über Bord springt. Frau Thatcher opfert sich und springt mit dem Ruf: „Es lebe die Königin!" ins Wasser. Dann muß noch einer das Schiff verlassen. Reagan springt mit den Worten: „Gott behüte Amerika!" Schließlich muß sich ein dritter opfern. Breschnew deutet Honecker an, daß er springen soll. Honecker tut es mit den Worten: „Es lebe die deutsch-sowjetische Freundschaft."

Frage an Radio Eriwan:
Warum pflegen wir die Freundschaft mit der DDR?
Radio Eriwan antwortet:
Das wissen wir auch nicht!

Welcher Staat hat die schwerfälligste Bürokratie der Welt?
Die Sowjetunion.
1938 hat die Tschechoslowakei die Sowjetunion um Hilfe gebeten.
1968, 30 Jahre später, haben die Russen sie gewährt.

Eine Delegation besucht ein Irrenhaus in der DDR. Ein Delegationsmitglied fragt einen der Kranken, warum er dort sei. „Wegen versuchter Republikflucht", antwortet der. Später nimmt das Delegationsmitglied den leitenden Arzt beiseite und fragt ihn, warum denn der Mann im Irrenhaus und nicht im Gefängnis sei. Antwortet der Arzt: „Er wollte nicht nach Westen, sondern in die Sowjetunion fliehen!"

Ein altes Mütterchen stand Anfang der fünfziger Jahre auf einem Ostberliner Platz vor zwei riesigen Porträts von Stalin und Molotow. „Wer ist das?" fragt sie einen Passanten.
„Das sind unsere Befreier!"
„Ach so", sagt das Mütterchen, „ob die uns wohl auch von den Russen befreien werden?"

Eine Frau kommt in ein Lebensmittelgeschäft und verlangt 100 Gramm Tee. Die Verkäuferin fragt: „Sowjetischen oder chinesischen?"
Die Kundin: „Sie wollen mich wohl provozieren? Dann nehme ich eben Kaffee!"

Gespräch zwischen zwei DDR-Bürgern.
„Weißt du schon, daß am 1. August alle Intershops geschlossen werden?"
„Nein."
„Und am 2. August schließen alle Delikateßgeschäfte."
„Wirklich?"
„Und am 3. August wird in der ganzen DDR das Licht ausgehen."
„Ja, und wie wird das alles enden?"
„Am 4. August wird Honecker Breschnew die Schlüssel übergeben."

Ein sowjetischer Funktionär spricht auf einer Parteiveranstaltung der SED über die Beziehungen der Sowjetunion zur DDR. Er sagt: „Die Sowjetunion will immer nur euer Bestes!" Zwischenruf eines Zuhörers: „Das merken wir, aber das wollen wir ja gerade behalten!"

Ein DDR-Bürger und ein Sowjetbürger finden auf einem gemeinsamen Spaziergang einen Goldklumpen. Sagt der Russe: „Laß uns brüderlich teilen, Genosse."
Wehrt der DDR-Bürger ab: „Also, ich bin mehr für halbe-halbe."

Wir brauchen in der DDR keinen Kompaß mehr."
„Wieso?"
„Ganz einfach: Wo die gefüllten Güterzüge hinfahren, ist Osten, und wohin die leeren Güterzüge zurückrollen, da ist Westen."

Sonne und Kohle liefern Wärme. Worin besteht der Unterschied zwischen beiden?
Die Sonne bewegt sich nach Westen, die Kohle nach Osten.

Was heißt auf russisch DDR?
Dawai! Dawai! Robotten!
(Übersetzt: Ran! Ran! Arbeiten!)

Die Sowjetunion liefert der DDR Lehm. Die brennt daraus Ziegel. Mit den Ziegeln baut die DDR Fabriken. In den Fabriken werden Maschinen hergestellt. Die Maschinen werden in den Westen verkauft. Dafür bekommt die DDR Stahl. Den Stahl liefert sie an die Sowjetunion und bekommt dafür wieder Lehm.

Wie sind gegenwärtig die Beziehungen der DDR zur Sowjetunion?" fragt ein westlicher Journalist einen DDR-Bürger. „Ganz ausgezeichnet", sagt dieser, „wir liefern den Sowjets Getreide, und sie nehmen uns dafür den Zucker ab!"

Sowjetischen Wissenschaftlern ist eine Neuzüchtung gelungen: eine Kuh mit einem so langen Hals, daß sie mühelos in der DDR fressen und in der Sowjetunion gemolken werden kann.

Welcher Staat hat in der Landwirtschaft die größten Erfolge erzielt?"
„Die Sowjetunion."
„Wieso?"
„Sie bringt es in einem Jahr auf vier Getreideernten: eine in der Sowjetunion selbst, eine in Polen, eine in der Tschechoslowakei und eine in der DDR."

Die Fahrzeuge des sowjetischen Militärs, das in der DDR stationiert ist, haben als Symbol einen weißen Halbkreis mit dem roten Stern und darunter stehen die beiden kyrillischen Buchstaben CA (das bedeutet sowjetskaja armija = sowjetische Armee). Die Buchstaben werden aber seit der sowjetischen Invasion in Afghanistan als Abkürzung für „Campingplatz Afghanistan" übersetzt.

An der Havel in Ostberlin steht ein Mann und stiert in das Wasser – tagelang. Schließlich fragt ihn ein Polizist: „Warum sehen Sie immer auf das Wasser?"
„Ich gucke nach den Schiffen, die Getreide aus der Sowjetunion bringen sollen."
„Aber da dürfen Sie doch nicht aufs Wasser blicken, da müssen Sie in die Zeitung gucken!"

Breschnew bespricht mit Hua Kuo-feng die sowjetisch-chinesische Aussöhnung. Hua nennt seine Bedingungen: ein Paar Schuhe, einen Anzug und eine Schüssel Reis für jeden Chinesen. Breschnew erklärt sich bereit, Schuhe und Anzüge zu liefern. Beim Reis muß er passen: „Das geht nicht, denn in der DDR wird kein Reis angebaut!"

Im Hafen von Rostock sieht ein westlicher Tourist einen Frachter der DDR schwer beladen auslaufen. Ein Hafenarbeiter erklärt dem Touristen, der Frachter bringe Exportgüter der DDR in die Sowjetunion.
„Und was bekommt ihr dafür zurück?" fragt der Tourist.
Der Arbeiter: „Wenn wir Glück haben, das Schiff."

Wann wird es endlich besser in der Tschechoslowakei?
Wenn die Witwe Strougals beim Besuch Husaks im Gefängnis diesem mitteilt, daß Breschnew an einem Herzinfarkt bei der Beerdigung Honeckers gestorben ist.

Die Bundesrepublik als Ausgeburt des Imperialismus oder Der Traum vom westlichen Schlaraffenland

Was wißt ihr über die Bundesrepublik?" fragt der Lehrer seine Schüler.
Meldet sich einer und sagt: „Die BRD ist ein kapitalistisches Land, in dem die Reichen die Armen ausbeuten. Es herrscht dort so große Not, daß es vielen Arbeitern und Bauern sehr schlecht geht. Das liegt daran, daß sie dort keinen Fünfjahresplan haben."
„Richtig", sagt der Lehrer, „und was weißt du über unseren Fünfjahresplan?"
„Er ist vom Zentralkomitee der SED verabschiedet worden und hat zum Ziel, die Bundesrepublik einzuholen und zu übertreffen."

Welcher Unterschied besteht zwischen dem Sozialismus in der DDR und dem System in der Bundesrepublik?
In der DDR haben sie den Marx und in der Bundesrepublik das Kapital.

Leben die Menschen in der Bundesrepublik besser als in der DDR?
Im Prinzip nein. Sie wollen nur nicht mit den Landsleuten in der DDR tauschen.

Frau Meier ist in ganz Leipzig herumgelaufen, um ein paar Nägel zu kaufen. Ohne Erfolg. Sagt ihr Mann: „Da kannst du's mal wieder sehen. Daran ist natürlich die Regierung in Bonn schuld. Die kündigt einfach das Interzonenhandelsabkommen."
„Unsinn!" sagt Frau Meier. „Als das Handelsabkommen noch nicht gekündigt war, gab es ja auch keine Nägel!"
„Na bitte", sagt Herr Meier befriedigt, „daran kannst du sehen, daß die DDR ganz gut auf diesen lächerlichen Handel verzichten kann."

Ein Westdeutscher sieht sich bei der Einreise in die DDR auf dem Grenzbahnhof ein Schild an, auf dem steht: „Die DDR ist ein rechtmäßiger Staat". Tippt ihn ein DDR-Bürger auf die Schulter und sagt: „Da ist natürlich ein Schreibfehler drin. Es muß richtig heißen: Die DDR ist ein recht mäßiger Staat."

Frage: Warum hat die DDR im vergangenen Jahr so viele Tapeten in die BRD exportiert?
Antwort: Damit wir den Klassenfeind mit unseren Mustern verwirren.
Zusatzfrage: Aber warum hat dann die DDR zum Jahresende einen Teil dieser Tapeten zurückgekauft?
Antwort: Um dem Klassenfeind zu zeigen, daß wir stark genug sind, uns West-Importe zu leisten.

In einer Fabrik wurden drei Arbeiter verhaftet. Einer, weil er zehn Minuten zu früh zur Arbeit gekommen war: Spionageverdacht. Der zweite wurde verhaftet, weil er zehn Minuten zu spät zur Arbeit gekommen war: Sabotageverdacht. Der dritte wurde verhaftet, weil er auf die Sekunde pünktlich zur Arbeit gekommen war. Seine Pünktlichkeit bewies ganz klar, daß er eine westliche Uhr besessen haben muß.

Frau Schulze ist verhaftet worden!"
„Warum denn? Sie hat doch bestimmt niemandem etwas getan!"
„Doch, sie hat ihre Wäsche im Westwind getrocknet!"

Welcher Kanal zwischen der Bundesrepublik und der DDR wird am meisten benutzt?
Der Fernsehkanal.

Ein Spaziergänger fragt in einer Ost-Berliner Straße einen anderen nach der Uhrzeit. Der entschuldigt sich, er habe leider keine Uhr bei sich. Doch dann sagt er: „Es muß genau acht Uhr sein. Die Leute schließen die Fenster, die ‚Tagesschau' beginnt."

Auf einer Parteiversammlung sagt der Redner: „Genossen, wir müssen den Kapitalismus einholen und überholen. Vor allem müssen wir die Bundesrepublik einholen und überholen!"
Zwischenruf aus dem Publikum: „Wenn ihr die Bundesrepublik einholt, laßt mich bitte aussteigen. Ihr könnt ja dann allein weiterfahren!"

Auf einer Parteiversammlung in der DDR preist der Redner die Errungenschaften der Sowjetunion und erklärt: „Die Sowjetunion ist die größte Raumfahrtnation der Erde. Ihre Astronauten umkreisen ständig die Erde. In wenigen Jahren werden sowjetische Astronauten den Mond betreten. Und in nicht allzu ferner Zeit werden Sowjetmenschen den Mars besiedeln."
Zwischenruf aus dem Publikum: „Und wann kann ich endlich meine Verwandten in Köln besuchen?"

Welches ist der längste Fluß der Welt?
Die Elbe. Man braucht 65 Jahre, um auf ihr von Dresden nach Hamburg zu kommen.

Zwei Grenzer der Nationalen Volksarmee patrouillieren an der Mauer in Berlin. Sagt der eine: „Du, was würdest du machen, wenn ich dir jetzt einen Schubs geben würde, so daß du nach drüben fliegst?"
„Ich würde dir jede Woche ein Paket schicken."

Zwei Grenzsoldaten der Volksarmee blicken während ihres Streifengangs lange in den Westen rüber.
„Was denkst du jetzt?" fragt der eine.
„Dasselbe wie du", sagt der andere.
„Dann muß ich dich verhaften!"

Zwei Vopos stehen an der Mauer und gucken nach Westberlin. Sagt der eine: „Nehmen wir mal ganz theoretisch an, ich würde jetzt über die Mauer klettern. Würdest du schießen?"
Sagt der andere: „Klar, das muß ich doch! Aber was würdest du machen, wenn ich über die Mauer klettern würde?"
Sagt der erste: „Ich würde vor Schreck ganz starr werden."
„Prima, dann erstarre! Ich bin weg!"

Auf einem Parkplatz in Leipzig stehen mehrere westdeutsche Autos. Ein DDR-Bürger geht zu einem Wagen, läßt die Luft aus den Reifen, schnuppert und seufzt: „Wunderbar, Westluft!"

Was für die Bundesrepublik die Ostfriesen sind, sind für die DDR die Vopos: Beide zeichnen sich durch ihre überdurchschnittliche Intelligenz aus. Eine Zeitansage im DDR-Rundfunk sieht deshalb folgendermaßen aus: „Hier ist der Berliner Rundfunk. Es ist sechs Uhr. Für die Genossen von der Volkspolizei: Der große Zeiger zeigt nach oben, der kleine nach unten." Zwei Stunden später: „Es ist acht Uhr. Für die Genossen von der Volkspolizei: Der große Zeiger zeigt nach oben, der kleine auf die Brezel."

In der DDR besteht zehnjährige Schulpflicht für alle Kinder. Nur die Kinder der Volkspolizisten gehen acht Jahre zur Schule.
Warum?
Sie wollen auch Volkspolizisten werden.

Wie wird die Eignung zum Volkspolizisten festgestellt? Durch folgenden Intelligenztest: Der Prüfer hält dem Prüfling die geballte Faust und die offene Hand hin und fragt: „In welcher Hand ist die Münze?"

Ein Volkspolizist, der bisher den Verkehr geregelt hat, wird in ein Gefängnis als Aufseher politischer Gefangener versetzt. Als er seinen Dienst antritt, fragt ihn der Gefängnisdirektor: „Glauben Sie, daß Sie mit den politischen Gefangenen hier fertigwerden?"
„Natürlich, Genosse Direktor, das ist doch ganz einfach: Wer nicht pariert, fliegt raus."

Eine alte Dame wundert sich über einen Volkspolizisten, der in der Stadt mit einem Gewehr rumläuft. Erstaunt fragt sie den Vopo, warum er eine Waffe trägt. Der Volkspolizist belehrt sie: „Das ist keine Waffe, sondern ein Sportgerät."
„Ach", sagt die alte Dame, „dann können Sie mir sicher auch sagen, wann die Olympiade in Afghanistan vorbei ist."

Was ist ein Quartett?
Ein DDR-Symphonieorchester nach einer Konzertreise durch die Bundesrepublik.

Warum gingen die Grenzsoldaten der Volksarmee bisher immer zu zweit Streife?
Einer kann lesen, der andere kann schreiben.
Warum gehen sie jetzt immer zu dritt? Einer muß auf die beiden Intellektuellen aufpassen.

Zwei Grenzsoldaten der Volksarmee gehen Streife an der Mauer. Fragt der eine den anderen: „Was würdest du machen, wenn jetzt plötzlich die Mauer umfiele?“
„Ich würde ganz schnell auf den nächsten Baum klettern.“
„Warum?“
„Meinst du, ich lasse mich tottrampeln?“

Ein Mann geht zum Rat des Kreises und stellt einen Antrag auf Ausreise aus der DDR. Der Sachbearbeiter fragt ihn nach seinen Gründen für diesen Schritt.
„Ich habe zwei Gründe“, sagt der Mann. „Erstens befürchte ich einen Putsch in der DDR.“
„Da können Sie ganz beruhigt sein“, sagt der Sachbearbeiter, „diese Gefahr besteht überhaupt nicht.“
„Sehen Sie, genau das ist mein zweiter Grund“, sagt der Mann.

Als Erich Honecker eines Morgens aufwachte, lachte die aufgehende Sonne aus dem Osten durch sein Schlafzimmerfenster und begrüßte ihn: „Guten Morgen, Genosse Honecker!“ Mittags schien die Sonne von Süden aus in das Fenster seines Arbeitszimmers und sagte: „Guten Tag, Genosse Honecker!“ Am Nachmittag sah die Sonne an einem anderen Fenster seines Arbeitszimmers herein und rief: „Genosse Honecker, du kannst mich mal am Arsch lecken, ich bin im Westen!“

Lange hat man in der Partei- und Staatsspitze darüber nachgedacht, was man gegen die dauernde Hochwassergefahr der Elbe machen soll. Schließlich hat man sich gegen Dämme und für die Umleitung des Flusses entschieden. Warum? Weil die Elbe ständig republikflüchtig ist.

Ein Ausländer, der zum erstenmal in Ost-Berlin ist, fragt auf der Straße einen Passanten, wie er denn am schnellsten von hier aus nach West-Berlin käme.
„Das weiß ich auch nicht“, sagt der Passant, „aber wenn Sie es rausbekommen haben, dann teilen Sie mir das doch bitte umgehend mit!“

Das Gewandhausorchester Leipzig gastiert in der Bundesrepublik und schickt nach wenigen Tagen ein Telegramm an den Staatsrat in Ost-Berlin: „Liebe Genossen, trotz großer Verluste an Menschen und Material kämpfen wir weiter im feindlichen westlichen Ausland. Gewandhausorchester Leipzig.“

Ein Mann geht schimpfend durch die Straßen in Ost-Berlin: „Ich habe die Schnauze voll, ich will nur noch raus aus der DDR!“
Nach kurzer Zeit ist ein Volkspolizist zur Stelle und sagt: „Was schreien Sie denn so? Können Sie sich ausweisen?“
„Wie?“ sagt der Mann. „Kann man das denn jetzt selber?“

Spaziergänger entdecken im Wald zwei Heinzelmännchen, die einen sehr abgearbeiteten und erschöpften Eindruck machen.
„Was ist denn mit euch los?“
„Wir sind die Heinzelmännchen von Schneewittchen.“
„Warum seht ihr denn so erschöpft aus? Wo sind denn die anderen Zwerge, und wo ist vor allem Schneewittchen?“
„Die sind schon vor Jahren in die Bundesrepublik gegangen. Nur wir beide sind hier zurückgeblieben und müssen nun die ganze Arbeit allein machen.“

Ist die Berliner Mauer, die ja eigentlich den Sozialismus schützen soll, eigentlich nicht völlig überflüssig?
Ganz gewiß. Denn auch, wenn es die Mauer nicht gäbe, würde wohl niemand nach Ost-Berlin flüchten.

Ein „Trabant“ fährt über die Autobahn. Plötzlich sieht der Fahrer, daß ihn ein Streifenwagen der Volkspolizei überholt und ihm ein Zeichen zum Halten gibt. Der Fahrer erschrickt, aber die Vopos kommen sehr freundlich auf ihn zu. Einer von ihnen sagt: „Wir haben Sie längere Zeit beobachtet, Sie sind hervorragend und ohne Fehler gefahren. Sie haben deswegen den Preis im Wettbewerb um den Titel des besten Fahrers der DDR gewonnen. Sie bekommen eine Urkunde und eine Prämie von 500 Mark.“
Der Fahrer bedankt sich bei den Vopos und sagt zu seiner Frau: „Habe ich es dir nicht gleich gesagt, daß man belohnt wird, wenn man ohne Führerschein fährt?“
Darauf sagt die Frau zu den Polizisten: „Hören Sie nicht auf ihn, er ist total besoffen, denn er hat eine ganze Flasche Korn getrunken!“
Da meldet sich die Oma vom Hintersitz zu Wort: „Was ist los? Haben die gemerkt, daß der Wagen geklaut ist?“
In dem Augenblick reckt der Opa seinen Kopf aus dem Kofferraum und fragt: „Sind wir schon im Westen?“

Zwei Jungen aus den beiden Teilen Berlins treffen sich an der Mauer. Sagt der aus West-Berlin: „Ätsch, wir haben aber Bananen.“
Sagt der Junge aus Ost-Berlin: „Ätsch, wir haben aber den Sozialismus.“
Antwortet der aus West-Berlin: „Ätsch, den haben wir aber auch bald!“
„Ätsch, dann habt ihr aber auch keine Bananen mehr!“

Im Endspiel um die Fußballweltmeisterschaft hat die DDR die Bundesrepublik besiegt. Am Abend nach dem Spiel findet eine gemeinsame Feier beider Mannschaften statt, auf der das Bier in Strömen fließt. Die DDR-Fußballer haben sich allerdings ihr eigenes Bier mitgebracht und rühren kein anderes an.
„Schmeckt euch unser Bier nicht?“ fragt ein westdeutscher Spieler.
„Doch, doch“, sagt ein DDR-Spieler, „aber wir möchten mit euch keine gemeinsame Fahne haben!“

Wann werden die beiden deutschen Staaten wiedervereinigt?
Im Jahr 2014.
Wieso?
Dann wird die DDR 65 und geht in Pension.

Erich Honecker will Helmut Schmidt, der zu Besuch in Ost-Berlin ist, davon überzeugen, daß auch die DDR zu friedlicher Koexistenz bereit ist. Er führt seinen Gast in den Zoo und zeigt ihm einen Käfig, in dem ein Wolf und ein Lämmchen friedlich nebeneinanderliegen.
„So wie diese beiden Tiere gut miteinander auskommen, so können auch Völker mit verschiedenen politischen Systemen wie Kapitalismus und Kommunismus nebeneinander leben."
„Wie macht ihr das nur?" fragt Helmut Schmidt zweifelnd. „Wolf und Lamm in einem Käfig?"
„Das ist nur eine Frage der Organisation. Wir stecken mehrmals täglich ein neues Lämmchen in den Käfig."

Ein Westdeutscher und ein DDR-Bürger diskutieren über die politischen Unterschiede zwischen ihren beiden Staaten.
Der Westdeutsche: „Die Demokratie hat schon Vorteile. Ich kann z.B. bei uns jederzeit auf der Straße laut und deutlich sagen, daß Bundeskanzler Schmidt ein Versager ist."
Der DDR-Bürger: „Also, das verstehe ich nicht. Da ist doch gar kein Unterschied. Ich kann auch überall in der DDR auf der Straße sagen, daß Bundeskanzler Schmidt ein Versager ist."

Parteiversammlung. Ein Funktionär berichtet von seinem Aufenthalt in der Bundesrepublik. Ein Genosse meldet sich: „Kann man es eigentlich marxistisch-leninistisch begründen, daß Parteifunktionäre die BRD besuchen dürfen und einfache Bürger nicht?"
„Natürlich. Wenn Parteifunktionäre die BRD besuchen, dann studiert das werktätige Volk der DDR in Gestalt seiner frei gewählten Vertreter den sterbenden Kapitalismus."

Willy Brandt wird auf dem Erfurter Bahnhof von Willi Stoph begrüßt. Stoph liest seine Begrüßungsansprache vom Blatt ab, Brandt spricht frei. Sagt ein SED-Funktionär: „Der Brandt kann ja nicht mal lesen."

Erich Honecker kommt mit dem Flugzeug von einem Staatsbesuch zurück. Schon aus der Luft sieht er, daß die ganze DDR hell erleuchtet ist. In Ost-Berlin angekommen, will er gleich den Grund für die Festbeleuchtung feststellen, findet aber in der ganzen Stadt keine Menschenseele mehr vor. Als er an die Grenze am Brandenburger Tor kommt, sieht er eine Schneise in der Mauer und daneben ein Schild, auf dem steht: „Erich, du bist der letzte, mach das Licht aus!"

☆☆☆☆☆☆☆☆☆☆☆☆☆☆☆☆☆☆☆☆☆☆☆☆☆☆☆☆☆☆☆☆☆☆☆

Die Geschichte der DDR als Beispiel für den unaufhaltsamen Aufstieg zum Sozialismus oder Ein holpriger Weg voller Widersprüche

☆☆☆☆☆☆☆☆☆☆☆☆☆☆☆☆☆☆☆☆☆☆☆☆☆☆☆☆☆☆☆☆☆☆☆

Was bedeutet DDR?
Der Dämliche Rest.

Wer regierte die DDR in den fünfziger Jahren? Die GPU (Geheimdienst Stalins). Die GPU gibt es aber doch selbst in der Sowjetunion nicht mehr. Aber bei uns: Grotewohl – Pieck – Ulbricht.

Pieck, Grotewohl und Ulbricht besichtigen eine Schuhfabrik. Zum Abschied erhält jeder eine Dose mit Schuhcreme. Neugierig öffnen die drei ihre Dosen. Piecks Dose enthält rote Creme, Grotewohls weiße. In Ulbrichts Dose liegt ein Zettel mit der Aufschrift: „Deine Wichse bekommst Du später!“

Pieck, Grotewohl und Ulbricht besuchen einen Zirkus. Der Direktor fordert das Publikum auf, einen Elefanten zum Hinlegen zu bewegen. Ein hoher Geldpreis winkt bei Gelingen. Verschiedene Leute versuchen es, scheitern aber. Dann probieren es Pieck, Grotewohl und Ulbricht, indem sie dem Elefanten der Reihe nach etwas ins Ohr flüstern. Sofort setzt sich der Elefant, dann legt er sich hin, und schließlich fängt er sogar an zu weinen. Die drei bekommen die Prämie. Nach der Vorstellung fragt der Direktor, wie sie das geschafft hätten. Pieck hatte dem Elefanten erzählt, was er verdient. Da setzte sich der Elefant. Grotewohl hatte sein Einkommen genannt. Da legte sich der Elefant hin. Schließlich hatte Ulbricht dem Elefanten zugeflüstert, was die Rentner in der DDR monatlich bekommen. Da begann der Elefant bitterlich zu weinen.

Pieck, Grotewohl und Ulbricht besichtigen eine Nervenheilanstalt. Zur Begrüßung rufen die Schwachsinnigen im Chor: „Es lebe unsere Partei- und Staatsführung!“ Nur einer steht abseits und schweigt. Als jemand aus der Regierungsdelegation ihn fragt, warum er nicht in die Begrüßung einstimme, antwortet er: „Entschuldigen Sie, ich gehöre nicht zu den Kranken, ich bin doch der Wärter!“

Kannst du mir erklären", fragt ein DDR-Bürger einen anderen, „warum sich Moskau hier in der DDR auf solche Nieten wie Ulbricht, Pieck und Grotewohl stützt?"
„Das ist doch klar: ‚Bei jeder Lotterie sind die Nieten die Haupteinnahmequellen'."

Ulbricht, Pieck und Grotewohl wollen sich ins Ausland absetzen und beschließen, sich zu verkleiden und falsche Bärte anzukleben. Sie fahren nach Paris. Dort angekommen, hören sie den Gepäckträger auf dem Bahnsteig rufen: „Bagage! Bagage!"
Daraufhin sagt Ulbricht: „Da habt ersch. Schon sin mer ergannt!"

Ulbricht, Pieck und Grotewohl wollen eine landwirtschaftliche Produktionsgenossenschaft besichtigen. Die Straße dorthin wird von einem Ochsen blockiert, der sich nicht von der Stelle rührt. Alle Versuche, ihn zu vertreiben, scheitern. Da flüstert Ulbricht dem Ochsen etwas ins Ohr. Sofort verschwindet er.
Ulbricht hatte den Ochsen gefragt, ob er Funktionär in der SED werden wolle.

Pieck und Grotewohl fahren in einem Auto durch Ost-Berlin. Niemand erkennt sie. Da sagt Pieck: „Wenn ich jetzt Zigaretten aus dem Fenster werfen würde, wären sofort alle Männer hinter mir."
Darauf sagt Grotewohl: „Wenn ich jetzt Damenstrümpfe rauswerfen würde, liefen sofort alle Frauen hinter mir her."
Murmelt der Fahrer vor sich hin: „Und wenn ich die beiden hinauswürfe, hätte ich sofort das ganze Volk hinter mir."

Hast du schon gesehen, daß Ulbricht, Pieck und Grotewohl auf der Rückseite der neuen Fünfzig-Pfennig-Münze abgebildet sind?"
„Wieso, ich sehe nur drei Schornsteine."
„Ja, sage ich doch, du siehst drei Schlote!"

Was ist ein Pieck-Wagen?
Ein Lastwagen ohne Anhänger.

Was ist der Unterschied zwischen Kaiser Wilhelm II. und dem DDR-Staatspräsidenten Wilhelm Pieck?
Wilhelm II. ging 1918, und das Volk blieb. Jetzt geht das Volk, und Wilhelm bleibt.

In einem DDR-Gefängnis sind die Häftlinge zum Appell angetreten. „Morgen kommt unser Staatspräsident Wilhelm Pieck", verkündet der Aufseher. Ein Gefangener ruft: „Das wurde aber auch höchste Zeit."

Ein Zauberkünstler führt bei einer Varietéveranstaltung Kartenkunststücke vor. „Und jetzt", sagt er, „werde ich das Herz-As verschwinden lassen."
Ruft jemand aus dem Publikum: „Können Sie nicht lieber das Pieck-As verschwinden lassen?"

In Berlin wird jetzt das Skatspiel verboten.
Warum?
Pieck darf nicht mehr gereizt werden, und außerdem darf man, wenn Rot Trumpf ist, nicht mehr Kontra sagen.

Grotewohl besucht eine Gastwirtschaft in einem Dorf. In der Gaststube hängt noch immer ein Bild vom Alten Fritz. Befremdet macht Grotewohl auf das Bild aufmerksam. Nach einigen Wochen kommt Grotewohl wieder in das Lokal. Jetzt hängt dort ein Ulbricht-Bild. Er lobt den Wirt wegen seiner fortschrittlichen Einstellung und fragt beim Zahlen: „Wie heißt denn eigentlich Ihr Lokal?" Der Wirt: „Zum Roten Ochsen!"

Ein amerikanischer Journalist versucht Grotewohl zum Ausgang der letzten Volkskammer-Wahlen zu interviewen.
„Was sagen Sie zum Wahlausgang?"
„Ich habe nichts zu sagen."
„Das weiß ich", sagt der Journalist, „ich möchte Sie ja auch nur interviewen."

Kennedy, Macmillan und Chruschtschow fahren in einem Auto zur Gipfelkonferenz über das Berlin-Problem. Plötzlich merken sie, daß sie vom Teufel verfolgt werden.
„Wir müssen ihn loswerden", sagt Kennedy, „sonst holt er uns noch", und schmeißt ein paar Dollarnoten aus dem Fenster. Der Teufel mustert sie kurz, läßt sie aber liegen und verfolgt das Auto weiter. Nun greift Macmillan zu seiner Brieftasche, zieht ein paar Pfundnoten heraus und wirft sie aus dem Fenster. Der Teufel schaut sich kurz das Geld an, läßt es aber ebenfalls liegen und verfolgt weiter den Wagen. Da schreibt Chruschtschow ein paar Worte auf einen Zettel und wirft den aus dem Fenster.
Augenblicklich ist der Teufel verschwunden.
„Ja, was haben Sie denn auf den Zettel geschrieben?" fragen Kennedy und Macmillan erstaunt.
„Ganz einfach", sagt Chruschtschow, „ich habe ihm mitgeteilt, daß wir in wenigen Minuten das Territorium der DDR erreichen!"

Beim Schlangestehen in einem Ost-Berliner Kaufhaus treffen sich zwei Freunde. Die Schlange ist sehr lang und bewegt sich kaum vorwärts. Schließlich sagt der eine wütend: „Du, ich habe die Schnauze voll vom Schlangestehen. Ich renn' jetzt zum Politbüro rüber und haue dem Ulbricht eins in die Fresse, denn der ist an allem schuld!"
Nach ein paar Minuten kommt er zurück.
„Hast du ihm eine runtergehauen?" fragt ihn sein Freund.
„Nein, es ging nicht. Dort steht auch eine Schlange von Genossen, die alle dasselbe wollten wie ich – und die Schlange ist noch viel länger als hier!"

DDR-Ministerpräsident Stoph sucht eine neue Sekretärin. Eine Dame mit allerbesten Zeugnissen bewirbt sich um die Stelle. Beim Vorstellungsgespräch sagt sie: „Ich schreibe hundert Worte in der Minute."
Verblüfft sagt Stoph: „Woher soll ich denn so viele Worte in einer Minute nehmen?"

Im Zuchthaus Bautzen unterhalten sich drei neu eingetroffene Häftlinge.
„Was hast du gemacht?“
„Ich habe den Genossen Meier unterstützt.“
„Und was hast du gemacht?“
„Ich habe den Genossen Meier nicht unterstützt.“
„Und was hast du gemacht?“
„Ich bin der Genosse Meier!“

Am 8. Mai haben in der DDR alle öffentlichen Gebäude geflaggt. Ein Schüler fragt seinen Lehrer, was es denn mit diesem Tag auf sich habe.
„Das ist der Tag der Befreiung vom Hitlerfaschismus. Da haben wir uns 1945 die Freiheit wiedererkämpft.“
„Kann man denn seine Freiheit wiedererkämpfen?“
„Nun geh schön nach Hause und mach deine Schularbeiten.“

Grotewohl ist die Treppe runtergefallen und hat sich das Rückgrat gebrochen. Sofort wird der Hausarzt informiert. „Seltsam“, sagt der, „das kann ich mir gar nicht vorstellen. Ich behandle ihn doch schon seit zwanzig Jahren und habe bei ihm noch nie ein Rückgrat wahrgenommen.“

Honecker besucht Breschnew im Kreml. Breschnew zeigt dem Gast sein neues Computer-Telefon zur Hölle. Er wählt eine Nummer, sofort knallt und zischt es, und ein Teufel erscheint. Breschnew legt den Hörer wieder auf, der Teufel verschwindet. Der Computer druckt die Rechnung aus: 160 Rubel.
Honecker schafft sich auch ein solches Telefon an und demonstriert es Breschnew, als der einmal zu Besuch in Ost-Berlin ist. Es knallt und zischt, der Teufel erscheint. Honecker legt den Hörer wieder auf, und der Teufel verschwindet. Der Computer druckt die Rechnung aus: 15 Pfennig. Erstaunt fragt Breschnew, warum das Gespräch so billig sei.
Honecker: „Es ist ein Ortsgespräch.“

Jeder Bürger der DDR soll – so erzählt man sich in Ost-Berlin – zum 30. Jahrestag der Staatsgründung von der Regierung eine Kerze und ein Kofferradio erhalten. Begründung: Auch die „Titanic“ ist hell erleuchtet und mit Musik untergegangen.

Zum 30. Jahrestag der DDR wurde eine offizielle Kampagne der Partei unter dem Motto „Kurs DDR 30“ gestartet.
Warum gerade dieses Motto?
30 sind zwei Drittel von 45.

Ein junger Mann stellt sich im Bäckerladen in die Schlange. Als er drankommt, verlangt er 15 Brötchen. Er bekommt sie, stellt sich erneut in die Schlange und verlangt, als er wieder drankommt, noch einmal 15 Brötchen. Die Verkäuferin fragt ihn erstaunt, warum er denn nicht gleich 30 Brötchen genommen habe. Der junge Mann: „Ach, wissen Sie, ich kann die Zahl 30 nicht mehr hören!“

Gespräch an einem Zeitungskiosk.
„Ein ‚Neues Deutschland‘ bitte.“
„Ist noch nicht da.“
„Dann bitte ‚Die Freiheit‘!“
„Die kommt zusammen mit dem ‚Neuen Deutschland‘.“

Im Zuge der Preußenrenaissance in der DDR hat man auch den Alten Fritz wiederentdeckt und will ihm in Potsdam ein Reiterdenkmal setzen. In der Partei- und Staatsführung ist man sich nur noch nicht einig, welcher Text auf dem Sockel des Denkmals des feudalen Königs stehen soll. Schlägt ein DDR-Bürger vor:
Alter Fritz, steig doch hernieder
und regiere du uns wieder,
laß in diesen schweren Zeiten
doch den Honecker mal reiten!

☆☆☆☆☆☆☆☆☆☆☆☆☆☆☆☆☆☆☆☆☆☆☆☆☆☆☆☆

Walter Ulbricht – verehrter Führer des Volkes oder Der ungeliebte Staatsgründer der DDR

☆☆☆☆☆☆☆☆☆☆☆☆☆☆☆☆☆☆☆☆☆☆☆☆☆☆☆☆

Walter Ulbricht symbolisiert den Zustand Nachkriegs-Deutschlands: Sieht man ihn nackend von hinten, merkt man, daß Deutschland ein geteiltes Land ist. Sieht man ihn von vorn, merkt man, daß Deutschland sich nie wieder erheben wird.

Ulbricht schläft während des Rasierens beim Friseur ein. Als er wieder aufwacht, sieht er mit Schrecken, daß der Mann ihm den Bart abgeschnitten hat. „Sind Sie denn total verrückt geworden?“ schreit er den Friseur an. „Dieser Bart war das einzige, das in unserer Partei von dem, was an Lenin erinnerte, noch übriggeblieben ist!“

Die Leuna-Werke bei Merseburg sind in Walter-Ulbricht-Werke umbenannt worden. Ulbricht selbst hielt anläßlich der Namensänderung die Festrede. Er sagte unter anderem: „Koleechen, das Werg gehärt ab heite mir und eich. Mir sin alle Besitzer und arbeeden alle fier uns selber.“ Als am nächsten Morgen der Arbeiterzug zur Frühschicht am Leuna-Werk hält, ruft der Fahrdienstleiter des Bahnhofs: „Hier Spitzbarthausen! Alle Fabrikbesitzer aussteigen!“

Ein alter Mann wird von einem DDR-Gericht zu zwölf Monaten Gefängnis verurteilt, weil er Ulbricht als Idioten bezeichnet hat. Der Angeklagte wehrt sich gegen das hohe Strafmaß: „Ich habe 1910 Kaiser Wilhelm den II. und 1937 Hitler auch schon als Idioten bezeichnet und habe damals nur immer einen Monat Gefängnis bekommen.“ Daraufhin begründet der Richter das Strafmaß im einzelnen: „Für die Beleidigung erhalten Sie auch diesmal nur einen Monat; aber elf Monate erhalten Sie zusätzlich wegen Verrats eines Staatsgeheimnisses.“

Zum 8. Parteitag war Ulbricht schon kaltgestellt. Dennoch berichtet ein Funktionär: „Walter hat auf dem Parteitag zwei Stunden gesprochen.“
„Das kann doch gar nicht sein.“
„Doch, mit dem Pförtner, damit er ihn reinläßt.“

In einem Ost-Berliner Postamt kauft ein älterer Herr eine Briefmarke mit dem Porträt Walter Ulbrichts. Nach kurzer Zeit kommt er an den Schalter zurück und wirft schimpfend die Marke hin: „Die klebt ja gar nicht!"
„Das verstehe ich nicht", sagt der Schalterbeamte, nimmt sie, dreht sie um, spuckt drauf und klebt sie auf.
„Ach so", sagt der Herr, „ich hatte auf die Vorderseite gespuckt."

Ein Arbeiter soll zum 1. Mai in der Fabrikhalle ein Ulbricht-Porträt anbringen. Fragt er den Kollegen zweifelnd: „Aufhängen oder an die Wand stellen?"

Ulbricht ist zu Besuch in China.
Mao fragt ihn: „Genosse Ulbricht, wie viele Ernten gibt es in der DDR?"
„Eine, Genosse Mao."
„Bei uns in China haben wir drei Ernten."
Erstaunt fragt Ulbricht: „Und wann studieren die Studenten bei euch?"

Der Fahrdienstleiter des Leipziger Hauptbahnhofs ist aus dem Dienst heraus verhaftet worden.
Warum?
Er hatte beim Einlaufen von Ulbrichts Sonderzug auf dem Bahnsteig gestanden und gerufen: „Zurücktreten! Zurücktreten!"

Ein DDR-Arbeiter geht an der Spree spazieren, als plötzlich Hilferufe vom Fluß her ertönen. Ein Mann droht zu ertrinken. Der Arbeiter springt in den Fluß, rettet den Ertrinkenden und bringt ihn ans Ufer. Dort angekommen, bemerkt er zu seinem Schrecken, daß es sich um Walter Ulbricht handelt.
„Ich bin dir sehr dankbar", sagt dieser zu dem Arbeiter, „du hast einen Wunsch frei. Wünsche dir, was immer du willst!"
„Versprechen Sie mir, daß Sie niemals jemandem etwas davon sagen, daß ich Ihnen das Leben gerettet habe."

Vor Ulbrichts Regierungssitz versuchen zwei Arbeiter unterhalb seines Arbeitszimmers einen Fahnenmast einzugraben. Als der Mast in dem Loch ist, behalten sie Erde übrig. Sie graben ein anderes Loch und wollen darin die Erde unterbringen. Auch das geht nicht, sie behalten wieder einen Rest Erde übrig. Da öffnet Ulbricht, der die Arbeiter schon einige Zeit beobachtet hat, das Fenster und ruft ihnen zu: „Genossen, ihr müßt tiefer graben."

In einem Gespräch mit Mao fragt Ulbricht: „Genosse Mao, wie viele Gegner hat die kommunistische Regierung in der Volksrepublik China?"
„Ich denke, es sind so etwa 17 Millionen", antwortet Mao.
Erleichtert sagt Ulbricht: „Genauso viele wie bei uns in der DDR."

Auf dem Dresdener Hauptbahnhof trifft Ulbricht einen alten Bekannten. „Das is ja prima, Garl, da gemmer ja gleich zusammen fahren."
Erschrocken sagt der Bekannte: „Wenn ich dich sehe, fahre ich sowieso immer zusammen!"

Ein amerikanischer Journalist fragt in Moskau auf der Straße einen jungen Mann: „Wer ist dein Vater?"
„Väterchen Chruschtschow", sagt der junge Mann begeistert.
„Und wer ist deine Mutter?"
„Mütterchen Rußland!"
„Und was möchtest du einmal werden?"
„Astronaut!"
Der amerikanische Journalist stellt dieselben Fragen einem jungen Mann auf der Straße in Ostberlin.
„Wer ist dein Vater?"
„Väterchen Ulbricht", sagt der junge Mann nicht sehr begeistert.
„Und wer ist deine Mutter?"
„Die DDR."
„Und was möchtest du einmal werden?"
„Vollwaise!"

Ulbricht erzählt Stalin besorgt, daß sich die SED in zwei Fraktionen gespalten hätte. Beide gäben vor, die wahre SED zu sein. Die eine handele aus Furcht, die andere aus Überzeugung.
„Welche soll ich unterstützen?“ fragt Ulbricht Stalin.
„Natürlich die, die aus Furcht handelt, denn Überzeugungen ändern sich.“

Der Lehrer fordert seine Schüler auf: „Nennt mir ein Beispiel für einen Trauerfall.“
Ein Schüler sagt: „Ein Trauerfall wäre es, wenn mir mein Fahrrad gestohlen würde.“
„Nein, das wäre ein Verlust“, korrigiert der Lehrer.
Ein anderer Schüler sagt: „Ein Trauerfall wäre, wenn ich mit einem Stein eine Fensterscheibe kaputtwerfen würde.“
„Das wäre ein Schaden“, verbessert der Lehrer.
Da meldet sich ein dritter Schüler: „Ein Trauerfall läge vor, wenn Walter Ulbricht sterben würde.“
„Das ist richtig“, lobt der Lehrer, „denn dabei handelt es sich weder um einen Verlust noch um einen Schaden!“

Der Staatssicherheitsdienst verhaftet eine Frau wegen Anstiftung zum Mord. Der Grund: Sie hatte Walter Ulbricht einen Glückwunschbrief zum Geburtstag geschrieben, in dem es hieß: „Ich wünsche Ihnen von ganzem Herzen das, was das ganze deutsche Volk Ihnen seit Jahren wünscht!“

Auf einer Kunstausstellung betrachten zwei Besucher eine Bronzebüste Walter Ulbrichts. „Gefällt sie Ihnen?“ fragt der eine.
„Sie hat zwei große Fehler. Da fehlt zunächst die Inschrift ‚Ruhe in Frieden‘!“
„Aber der Genosse Ulbricht lebt doch noch.“
„Ja, ja, das ist der zweite Fehler!“

Ulbricht geht zum Friseur, um sich seinen Bart stutzen zu lassen. Der Friseur weigert sich mit den Worten: „Warten Sie nur freie Wahlen ab, dann ist der Bart ganz automatisch ab!“

Warum ist Ulbricht der größte Feldherr aller Zeiten?
Er hat, ohne Krieg zu führen, drei Millionen Menschen zur Flucht gezwungen und 17 Millionen gefangengenommen.

Ulbricht ist entführt worden. Die Kidnapper schreiben in einem Brief an das „Neue Deutschland“: „Wir fordern eine Million Dollar Lösegeld. Wenn ihr nicht zahlt, schicken wir ihn zurück!“

Ulbricht will vor seinem nächsten Geburtstag die Berliner Mauer abreißen lassen.
Warum?
Er möchte das Fest ohne Massengratulation im engsten Kreis begehen.

Kennedy, Chruschtschow und Adenauer spielen Skat. Adenauer hat nach einiger Zeit keine Lust mehr und möchte schlafen gehen. Darauf Chruschtschow zu Kennedy: „Dann laß uns Ulbricht als dritten Mann holen.“
Kennedy wehrt ab: „Das ist doch sinnlos. Der reizt bis dreizehn und dann mauert er!“

Eine chinesische Regierungsdelegation wird in Ost-Berlin von Ulbricht sehr herzlich begrüßt. Beim abendlichen Bankett stellt er den Aufbau des Sozialismus in China als vorbildlich hin. Verwundert fragt der Delegationsleiter, warum China denn ein so hohes Ansehen in der DDR genieße. Darauf Ulbricht: „Weil ihr die chinesische Mauer gebaut habt!“

Ulbricht will in Urlaub fahren und gibt seinem Stellvertreter die letzten Anweisungen. Als er nach vier Wochen zurückkommt, berichtet der stolz: „Ich habe in dieser kurzen Zeit geschafft, was der Partei in Jahren nicht gelungen ist.“
Ulbricht ahnt nichts Gutes und läßt sich von seinem Stellvertreter berichten: „Ich habe für einen Tag die Mauer geöffnet. Seitdem ist das Problem mit der Wohnungsnot gelöst. Dann habe ich dein Bild in die Kirchen hängen lassen. Seitdem sind die restlos leer!“

Walter Ulbricht empfängt Brigitte Bardot, die die DDR besucht, zu einem Gespräch. Er ist von der Diva so angetan, daß er sie fragt: „Fräulein Bardot, kann ich Ihnen einen Wunsch erfüllen?“
„O ja“, sagt diese, „lassen Sie die Mauer einreißen und öffnen Sie die Grenzen für alle Bürger!“
„Ach, ich verstehe, Sie wollen wohl mit mir ganz allein sein?“

Wer hat den weitesten Weg zur Toilette?
Walter Ulbricht, denn er muß wegen jedem Scheißdreck nach Moskau fahren.

Walter Ulbricht hat sich in Moskau einen neuen Anzug gekauft. Zurück in Ost-Berlin, führt er ihn seiner Frau vor. Weder Jacke noch Hose passen richtig, alles ist zu eng. „Komisch“, sagt er, „in Moskau hat er noch wunderbar gesessen.“
Da sagt seine Frau: „Du mußt in Moskau aber wieder ganz schön klein gewesen sein.“

Ulbricht empfängt in seinem Arbeitszimmer einen Besucher. Dieser bemerkt auf seinem Schreibtisch ein sonderbares Telefon: Es hat nur einen Hörer und keine Sprechmuschel. Der Besucher fragt Ulbricht, was es denn mit dem Apparat auf sich habe. „Ach weißt du“, sagt dieser, „das ist unsere Direktverbindung nach Moskau!“

Walter Ulbricht ging einmal bei schönstem Wetter in Ost-Berlin mit aufgespanntem Regenschirm spazieren. Erstaunt fragt ihn ein Bekannter nach dem Grund. Ulbricht: „In Moskau regnet es.“

Ulbricht ist gestorben und trifft im Himmel einen Ritter. Der stellt sich vor: „Götz von Berlichingen mit der eisernen Hand.“
Ulbricht macht seine Reverenz: „Walter Ulbricht mit der feurigen Zunge.“
Darauf der Ritter Götz: „Und trotzdem...“

Ein Journalist aus dem Westen spricht in Ost-Berlin auf der Straße einen Arbeiter an: „Was halten Sie denn von Walter Ulbricht?“
Der Arbeiter erschrickt, blickt sich ängstlich um und sagt leise: „Aber nicht hier, kommen Sie mal mit!“
Sie gehen in einen Park, wo sie niemand hören kann. Dort sagt der Arbeiter: „Also wissen Sie, ich finde ihn gar nicht so schlecht, wie alle hier sagen.“

Was wäre passiert, wenn man anstelle von John F. Kennedy Walter Ulbricht ermordet hätte?
Onassis hätte sicherlich nicht Ulbrichts Witwe geheiratet!

Herr Müller in Leipzig besitzt einen Papagei, der ganz wundervoll fluchen kann. Sein Paradefluch ist: „Den Ulbricht soll der Teufel holen!“ Die Fähigkeiten des Papageis kommen auch dem Staatssicherheitsdienst zu Ohren, und er kündigt seinen Besuch bei Herrn Müller an. Kurz vor diesem Termin bringt dieser den Vogel zum Pfarrer und leiht sich dessen Papagei aus, der sehr viel harmlosere Sätze spricht. Als die Herren vom Staatssicherheitsdienst kommen, fragen sie gleich nach dem Fluchen des Papageis. „Er tut es nicht immer“, sagt Herr Müller. „Dann zeigen Sie, was er kann!“
Herr Müller redet auf den Papagei ein, doch der sagt keinen Ton. Die Leute vom Staatssicherheitsdienst vermuten einen Trick und fangen an, den Papagei zu provozieren. Abwechselnd rufen sie vor dem Käfig: „Den Ulbricht soll der Teufel holen! Den Ulbricht soll der Teufel holen!“
Der Papagei hört sich das eine Weile lang an und sagt dann schließlich: „Der Herr erhöre euer Flehen!“

Ulbricht ist gestorben. In der Parteispitze wird darüber diskutiert, wo man ihn begraben soll. Um die Volksmeinung zu berücksichtigen, fragt man auch die Arbeiter. Einer antwortet: „Das ist mir ganz egal, wo ihr ihn begrabt – nur nicht in Jerusalem, da ist schon mal einer auferstanden!“

Walter Ulbricht ist gestorben. Er klopft an die Himmelspforte und bittet um Einlaß. Petrus fragt ihn: „Wer bist du?“
„Ich bin Walter Ulbricht, der Staatsgründer der DDR.“
„Für dich haben wir hier keinen Platz, dein Platz ist in der Hölle!“
Betrübt zieht Ulbricht ab. Nach einigen Tagen steht eine Gruppe von Teufeln vor der Himmelspforte und bittet um Einlaß. Erstaunt fragt Petrus nach dem Grund. Sagen die Teufel: „Wir sind die ersten politischen Flüchtlinge aus der Hölle.“

Ulbricht ist gestorben und in den Himmel gekommen, weil der liebe Gott die Hoffnung noch nicht aufgegeben hat, daß Ulbricht sich läutern könnte. Petrus wird vom lieben Gott aufgetragen, ihn gut im Auge zu behalten, damit er im Himmel keine Unruhe stiften kann. Petrus tut vier Wochen lang, wie ihm befohlen. Dann erscheint er beim lieben Gott zur Berichterstattung. Vor dem Himmelsthron nimmt er militärische Haltung an und meldet: „Genosse Gott, keine besonderen Vorkommnisse!“

Die kämpferische sozialistische Satire oder Staatlich überwachte Witz- und Humorlenkung

„Was ist Kritik?“

Der Sohn fragt den Vater: „Was ist Kritik von oben, und was versteht man unter Kritik von unten?“
Der Vater: „Ich werde dir ein Beispiel vorführen. Du stellst dich auf die Straße unter unseren Balkon. Ich stelle mich mit einem Eimer Wasser auf den Balkon.“
Als der Sohn auf der Straße steht, schüttet der Vater den Eimer Wasser herunter.
„So“, sagt er, „nun hast du eine kalte Dusche erhalten, darunter versteht man Kritik von oben. Jetzt werde ich dir noch sagen, was Kritik von unten ist. Ich bleibe auf dem Balkon, und du wirst diesmal das Wasser von der Straße aus auf mich schütten.“
Der Sohn versucht es. Das Wasser fliegt genau einen Meter hoch, der Sohn wird ein zweites Mal naß.
(„Neues Deutschland“, 1965)

Noch mal gutgegangen

Nun ist ja – dem Stadtbezirksgartenamt in Berlin-Pankow sei Dank – wieder alles in bester Ordnung.
Eine Zeitlang sah es fast so aus, als könne der Buddelkasten auf dem Hof der Hadlichstraße künftig als Buddelkasten genutzt werden. Erst entfernten Mitarbeiter des Gartenamtes verhältnismäßig schnell die alten Zweige und Sträucher aus dem Sandkasten, die sie dort gelagert hatten.
In einer weiteren Aktion wurde dann eine Woche später der Buddelkasten mit Laub gefüllt. Inzwischen türmen sich darauf, wie gehabt, wieder meterhoch Zweige und Sträucher, so daß Kinder gar nicht erst auf die Idee kommen, darunter könne sich noch Sand befinden, der zum Spielen verlockt.
Woher die Gärtner so schnell so viel Material genommen haben, um den Sandkasten sicher abzudecken, ist unbekannt. Vielleicht haben sie auf alte Bestände zurückgegriffen.
Jedenfalls ist dieser Kinderspielplatz jetzt wieder vor Kindern sicher. Und das beruhigt.
(„Eulenspiegel“, 1980)

Kfz-Meister Wieselflink von der PGH „Blitzschnell“ hatte Annahmedienst. „Ich will versuchen, den Wagen noch im nächsten Quartal unterzubringen. Weil Sie es sind, ausnahmsweise“, sagte der Meister zum untertänig schauenden Trabbifahrer. Dann erspähte der Meister mit unauffälligem Seitenblick den rein zufällig im Handschuhfach liegengelassenen Fünfzigmarkschein. „Na gut, also vielleicht wird's auch schon was in drei Wochen. Weil Sie es sind, ausnahmsweise“, sagte Meister Wieselflink gnädig und schob den Wagen in die Werkstatt.

Dort kamen ihm Gewissensbisse. Er war noch nicht lange in der Branche. Nein, einen Fünfziger – so viel konnte er nicht annehmen. Ein Dreißiger tut's doch auch, dachte er und legte zwei Zehner für den Schichtmeister Hans in das Fach zurück.

Als Hans den Wagen übernahm, mußte er natürlich zuerst den Wagen einer gründlichen technischen Kontrolle unterziehen, was nach seinen langjährigen Erfahrungen am schnellsten durch einen Blick ins Handschuhfach geschah: ‚Donnerwetter, zwei Zehner! Dieser Wieselflink ist doch ein guter Kumpel! Wenn Egon kommt, muß er den Wagen vorziehen. Na, einen Zehner soll er auch haben‘, dachte Hans und steckte sich selbst nur ein Scheinchen ein. Egon schaute als erstes natürlich ins Handschuhfach, um gut reparieren zu können. Dann besah er sich den Wagen und fand, dies wäre eher etwas für den jungen Facharbeiter Heinz. Pflichtbewußt brachte Heinz den Trabbi wieder auf Trab – in Richtung Lehrling Ralf.

Freudestrahlend nahm ihn wenig später der Besitzer, früher, als in seinen kühnsten Träumen erhofft, wieder in Empfang. „Tja, ein Handschuhfach birgt manchmal Wunder“, sagte der Trabbifahrer zum Meister Wieselflink, der ihm das fröhlich knatternde Stück übergab. Der gerade vorbeikommende Lehrling Ralf grübelt noch heute über diesen rätselhaften Satz. Ich glaube, aber nicht mehr lange; denn bald wird er in der Rangfolge der Handschuhfachspezialisten aufrücken. Der Lehrling hat ausgelernt.

(„Deutsche Bauernzeitung“, 1980)

Störung im Betrieb

Eine moderne Betriebszentrale mit großer Schalttafel und vielen Kontrollämpchen. Davor ein rotes Telefon. Der Chef sagt zu der Mitarbeiterin, die von hier aus den Betriebsablauf überwachen soll: „Bei einer Havarie sehnse hier genau, wo. Dann unverzüglich Dispatcherzentrale verständigen, und schon nach wenigen Minuten begibt sich einer auf Dienstreise und versucht das entsprechende Ersatzteil zu besorgen."
(Eulenspiegel", 1980)

Was man alles an einen Gurkensalat tun kann

Ich erlebe die wirtschaftliche Integration folgendermaßen: Die sozialistischen Länder helfen mir bei meinem Gurkensalat. Ich kaufe eine polnische Gurke und nehme Küchengeräte aus der DDR. Dann schalte ich das Licht ein, denn wir bekommen auch Strom aus der internationalen Verbundleitung. Nun wasche, hobele und würze ich die Gurke aus dem Nachbarland. Dazu pfeife ich ein kleines Pionierlied aus der CSSR, setze nach dem Kosten etwas ungarischen Paprika hinzu und serviere das Ganze auf einem Tisch, den ich mit einer bulgarischen Volkskunstdecke gedeckt habe.
(„Eulenspiegel", 1980)

Rechnungskünstler

Mit 20 Pfennig steht der VEB Elektromat Dresden beim Zentralversand Erfurt in der Kreide. Um diese ungeheure Schuldsumme einzutreiben, verschickte der Gläubiger drei Rechnungsbelege. Man sollte obengenannten Betrag aber nicht gering achten. Wenn man die Kosten für Buchung und Überweisung dazurechnet, nimmt er sich schon etwas ansehnlicher aus. Und das schönste: Der Rechnungsbetrag wurde für die Übersendung zweier (!) kostenloser Formulare erhoben. Das Beispiel zeigt: Man kann auch aus nichts allerhand machen.
(„Eulenspiegel", 1980)

Kinder, wie die Zeit vergeht!

Manche Angelegenheiten erledigen sich von selbst, und man kann die Kollegen gar nicht genug loben, die diesen Selbstlauf bei der Arbeitsorganisation bewußt einplanen. Dazu ein Beispiel:
Frau Balk aus Jena reklamierte das Oberteil eines Kinderwagens und erhielt vom VEB Zekiwa – zwar nicht gleich ein neues Oberteil, aber das Versprechen, daß sie bald ein neues Oberteil bekäme.
Als sie schon nach wenigen Monaten beim VEB Zekiwa nachfragte, hieß es, sie solle sich gedulden, das Oberteil sei in Arbeit. Inzwischen sind zwar schon sieben Monate vergangen, aber Frau Balk hat sich vorgenommen, nun nicht mehr zu quengeln. Im Gegenteil.
Um dem VEB Zekiwa unnötige Hektik bei der Reklamationsbearbeitung zu ersparen, hat sie sich etwas Besonderes ausgedacht:
Wenn ihr Sohn groß genug ist, geht er selbst zum Herstellerbetrieb seines Kinderwagens und sagt, daß er das Oberteil jetzt nicht mehr so dringend braucht.
(„Eulenspiegel“, 1980)

Hallo, Lotto-Freunde!

Die einmalige Gelegenheit: Spielen Sie mit in der Gemüselotterie! Jeder Zugriff – ein Risiko, jedes Risiko – ein Gewinn! Kaufen Sie Erzeugnisse des VEB Kombinat Obst- und Gemüseverarbeitung OGEMA Magdeburg! Kaufen Sie grüne und gelbe Erbsen, weiße Bohnen, Linsen mit und ohne Fleisch in Büchsen! Wenn etwas anderes drin ist, als das Etikett angibt, haben Sie gewonnen, zumindest an Erfahrung.
Greifen Sie zu, spielen Sie mit!
Noch scheint das Etikettieren in diesem Werk reine Glückssache zu sein. Wer weiß, wie lange noch? Übrigens: Erfolgreichste Teilnehmerin der Gemüselotterie ist bisher Frau Doris Scheffler aus Berlin mit sechs Treffern!
(„Eulenspiegel“, 1980)

Ein seltsames Paar

Als Frau Fischer ein Schuhgeschäft in Dresden betrat, erblickte sie sofort das Angebot des Tages: verbilligte Damenschuhe für ganze zweiundzwanzig Mark.
Sie wählte ein Paar und probierte gleich den rechten Schuh an. Der saß wie angegossen. Freudig begab sie sich mit dem ausgewählten Paar zur Kasse. Da fiel ihr auf, daß der linke Schuh viel größer war. Vertrauensvoll wandte sie sich an die zuständige Verkäuferin mit der Bitte um zwei gleichgroße passende Schuhe. Die Verkäuferin antwortete nicht gerade freundlich: „Die Schuhe sind alle so. Deshalb sind die ja so billig. Sie brauchen sie ja nicht zu kaufen!"
Frau Fischer brauchte nun keine Schuhe mehr, denn nach dieser Antwort war sie völlig von den Socken!
(„Eulenspiegel", 1980)

Schlitzableiter

Bisher dachte ich immer, ich sei ein körperlich einigermaßen wohlgeratener Mensch. Doch nun beginne ich daran zu zweifeln. Die Gründe dafür sind die dreiviertellangen Unterhosen, die ich mir neulich gekauft habe. Bereits vor einigen Jahren hatte ich drei Exemplare dieses Modells käuflich erworben, bei denen ich später an der gewohnten Stelle vergeblich nach dem Schlitz suchte. Schließlich fand ich jene Öffnung in allen drei Fällen rechts direkt unter der Gürtellinie. Damals dachte ich noch leichtfertig, daß das Werk nicht richtig bei der Sache war und Ausschuß produziert hat. Weil das jedem mal passieren kann, machte ich nicht viel Aufhebens und eignete mir in hartem Training die nötigen Fähigkeiten an. Vor einigen Wochen nun kaufte ich mir zwei weitere Unterhosen desselben Modells. Seitdem bin ich stark verunsichert. Auch bei den Pantalons sitzen die Schlitze etwa dort, wo ich bei mir meinen Blinddarm vermute. Änderungsvorschlag an den Hersteller für das Etikett dieser dreiviertellangen Unterhosen: Pantalons mit Operativschlitz.
(„Eulenspiegel", 1980)

Akt und Anstand

Ein prüderliches Lob der Kollegin in einer Anzeigenannahmestelle in Merseburg, die mit allzeit wachsamem Auge dem Verfall der Sitten wehrt. Sie wies eine Anzeige mit dem Wortlaut „Altes, gut erhaltenes Aktbild mit Rahmen zu kaufen gesucht..." wegen des „unsittlichen Textes" zurück. Das ist also noch mal gutgegangen, aber nicht immer und überall siegt die Moral.
Deshalb wäre es gut, wenn der Aktionsradius dieser tapferen Kollegin nicht nur auf Merseburg beschränkt bliebe. Sie sollte vielmehr Gelegenheit erhalten, beispielsweise den Augiasstall der Dresdener Gemäldegalerie mal gründlich auszumisten. Die „Schlummernde Venus" und was da so an nackten Weibern herumhängt. Igittigitt, da bleibt noch viel zu tun.
(„Eulenspiegel", 1980)

Zeitgeschichte

Im schönen Tennstedt, im Thüringischen, will man mit der Zeit gehen. „Was könnten wir dafür tun?" fragten sich die Bürger. Und während die einen noch fragten, hatten andere bereits einen Vorschlag. Ihnen war nämlich zu Ohren gekommen, daß es in vielen Orten unseres Landes üblich geworden ist, die Denkmäler und Baulichkeiten, ererbt aus alten und uralten Zeiten, für die Gegenwart zu nutzen.
Flugs rissen einige Kraftfahrzeughalter dreißig laufende Meter mittelalterliche Stadtmauer ab, um aus den Steinen Garagen für ihre vierrädrigen Freunde zu errichten.
Und so verfügt Tennstedt heute nicht nur über die Reste einer mittelalterlichen Stadtmauer, was keine besondere Rarität wäre, sondern sogar über mittelalterliche Garagen. Ein unerhörter Knüller! Garagen hatten Anno Tobak nicht mal die fahrenden Sänger.
(„Eulenspiegel", 1980)

Humor mit Klassenstandpunkt und hoher Parteilichkeit oder Das DDR-Kabarett – frech und aggressiv in engen Grenzen

Szene in einem Möbelhaus. Die Filialleiterin erklärt das „Ausstellungsgut" im Schaufenster mit den Worten: „Dies ist eine kostenlose Ausstellung. Unsere Bürger haben ein Recht darauf, zu wissen, was sie nicht kaufen können."
Distel 1972

Millionen DDR-Bürger essen leidenschaftlich gern Kartoffelpuffer, und wenn sie aus der Presse erfahren, daß Horst Sindermann (Präsident der Volkskammer) mal eben nicht nur Kaviar, sondern Kartoffelpuffer zu sich nimmt, dann gibt das gleich ganz persönliche Beziehungen.
Pfeffermühle 1978

Erich Honecker, das ist so 'ne große Persönlichkeit, denk' ich mir, die darf's nicht bloß einmal geben.
Pfeffermühle (verbotenes Programm 1979)

Die DDR-Gesellschaft sieht gegenwärtig folgendermaßen aus: blond und blauäugig wie unsere jüngst wiederentdeckten deutschen Traditionen, lang und dünn wie unser Warenangebot, vollmundig wie unser Kaffee, mitteilsam wie unsere Zeitungen und großzügig wie unsere Erfolge.
Pfeffermühle (verbotenes Programm 1979)

Heiratsanzeige einer 37jährigen Sie: „marxistisch-leninistische Weltanschauung, im übrigen ganz normal".
Pfeffermühle 1980

Unsere Staats- und Parteiführung fährt Volvo-minöse Karossen.
Akademixer 1978

Frage: Wann kommt denn nun endlich der Kommunismus?
Antwort: Wir leben schon in der Phase des reifen Sozialismus, weil einige bloß noch ernten.
Distel 1979

Denn beim Denken kann's passieren,
daß man übers Ziel rausschießt,
da warten wir lieber erst mal ab.
Wer weiß, ob einem jemand
das Weiterdenken dankt?
Warum soll man denn klüger sein,
als die Partei verlangt?
Zeigt man zur falschen Zeit Energie,
dann schadet das der Biografie.
Was die Partei beschlossen,
das wird zwar durchgeführt,
doch über dieses Soll hinaus
wird's Hirn nicht strapaziert.
Pfeffermühle 1980

Die Reiseleiterin erklärt ihrer Reisegruppe auf dem Flughafen in Ostberlin: „Unser Reiseziel ist dabei, sich zu einer gigantischen Industriemacht zu entwickeln. Es kann allerdings vorkommen, daß diese oder jene Konsumgüter mal nicht vorhanden sind." Kommentar eines Reiseteilnehmers: „Na, dann werden wir uns ja wie zu Hause fühlen!"
Distel 1978

Eine Familie beratschlagt über die berufliche Zukunft des Sohnes, der gerade Abitur gemacht hat. Die Empfehlung des Opas, Facharbeiter wie er zu werden, findet keine Gegenliebe: „Arbeiterklasse? Führende Rolle im Staat wäre ja nicht schlecht. Aber jeden morgen um fünf Uhr aufstehen?"
Distel 1974

Eine Bauchladen-Verkäuferin bietet eine Nachbildung des für westliche Gäste bestimmten Ost-Berliner Hotels „Metropol" in Form einer Sparbüchse als Berlin-Souvenir an: „Sie brauchen nur einen Schein in unserer Währung durch den Schlitz einzuwerfen, und schon können Sie hören, wie sich das Personal scheckig lacht!"
Distel 1978

„Neudialektik"

Alles hat bei uns zwei Seiten: eine schöne und eine sehr schöne. Den schönen Seiten unseres Lebens begegnen wir alltäglich im Nahverkehr, im Konsum und im Betrieb. Den sehr schönen in Presse, Film und Fernsehen.

Schön ist es, wenn unsere Menschen wochenlang vergebens nach einer Anbauwand herumlaufen, sehr schön aber wird es, wenn sie in der „Aktuellen Kamera" erleben, wie gewissenhaft unsere Möbelwerker ihre Exportverpflichtungen erfüllen. Dies nennen wir auch den Umschlag eines schön alten Problems in eine sehr schöne neue Erfolgsmeldung. Für einen Neudialektiker gibt es kein Problem, das er nicht aus der Welt reden könnte mit der Aufforderung: Das muß man dialektisch sehen...
Mit dieser Art, Dinge zu sehen, kann man mühelos Mängel, Schwächen und Pannen erklären, ohne irgend jemanden verantwortlich zu machen. Schuld sind einfach die objektiven Schwierigkeiten, die wir durch einfache Heiligsprechung zur objektiven Gesetzmäßigkeit erhoben und somit unantastbar gemacht haben. War Dialektik bei unseren Klassikern noch die Lehre von den Widersprüchen, so ist Neudialektik heute leeres Gerede, dem keiner widerspricht...

Wenn es zum Beispiel gerade mal keinen Kümmel gibt, so ist dies kein Widerspruch zu der These von der sich ständig verbessernden Versorgungslage. Denn das Wesen keines Kümmels ist beispielsweise wie das Wesen keiner Ersatzteile unwesentlich. Das heißt, man soll kein Wesen daraus machen, sondern sich der wirklich wesentlichen Frage zuwenden, die da heißt: Wie versalzen wir dem Klassenfeind die Suppe? Und nicht: Wie verkümmeln wir sie ihm?

Denn das tut er ja schon selbst mit den gewaltigen Kümmelbergen der EWG, die zu einer ernsthaften Kümmelkrise des gesamten kapitalistischen Systems führen müssen. Wohingegen im Sozialismus kein Kümmel auch zu keiner Kümmelkrise führen kann. Daraus erkennt man, daß wir uns endlich kümmelfrei machen müssen von westlichen Einfuhren, die immer wieder –

über Kümmel und Korn – bei uns einzudringen suchen.
Je kleiner also ein Problem, desto naheliegender ist es, ihm mit der Grundfrage unserer Zeit zu Leibe zu rücken.
Distel 1974

Werkmeister: Ich soll die Produktion steigern, den Materialverbrauch senken. Die Arbeiter wollen neue Maschinen. Mir werden die Investitionen gestrichen. Die Arbeiter denken, ich will nicht. Der Minister denkt, ich kann nicht. Na, und ich muß, nämlich dann anschließend zur Kur. Wissen Sie, wen ich da treffe? Lauter erholungsbedürftige Leiter mit dem CD als Kennzeichen. CD – Club der Durchgedrehten.
Pfeffermühle 1978

Eine Hausgemeinschaft wartet frierend auf die Eröffnung der neuen Sauna, zu deren Bau sie sich verpflichtet hat. Es stellt sich aber heraus, daß man Wasser- und Stromanschluß vergessen hat. Ein Hausbewohner meint, eigentlich hätte man ja auch gar keine Sauna haben wollen. Da wird ihm entgegengehalten: „Es kommt nicht darauf an, was unsere Bürger wollen, sondern wozu sie sich verpflichtet haben."
„Und was hat man von der Verpflichtung?"
„Wir nichts, aber die Presse hat eine Erfolgsmeldung."
Distel 1975

DDR-Wissenschaftler sind jetzt dahintergekommen, wie man Menschen verkleinern kann. Deshalb wird vorgeschlagen, alle DDR-Bürger auf ein Achtel ihrer normalen Körpergröße zu reduzieren, um sie somit den vorhandenen Materialreserven und der gegenwärtigen Leistungskraft der DDR-Volkswirtschaft anzupassen.
Pfeffermühle 1979

Die DDR-Fußballmannschaft hat die UdSSR geschlagen – wir haben uns aber schon dafür entschuldigt.
Distel 1978

Chor der Werkleiter:

Hurra, wir haben unsere Freud,
wir freuen uns an der Leitungstätigkeit.
Die ist zwar schwer, doch kommt es nur darauf an,
daß man nach oben Großes melden kann;
und haben wir Großes nicht und keine Helden –
egal, wenn wir nur welche melden.
Und anstatt nachzudenken,
schreiben wir ein Kampfprogramm,
und wenn wir's nicht erfüllen könn',
war es eben nur Tamm-Tamm.
Denn keiner fragt doch, ob so was nützt,
wenn du nur stets Erfolge ausgibst.
Drum sagen wir immer wieder,
was kann uns schon passieren:
Wir melden, was man hören will,
und lassen uns prämiieren.
Pfeffermühle (verbotenes Programm 1979)

Die Fußballmannschaft von Zeiss Jena soll in der Bundesrepublik ein Spiel austragen. Ein Sieg der DDR-Mannschaft wird beim familiären Toto-Tip von einer DDR-Hausfrau für unmöglich gehalten. Begründung: „Die alten Jenaer haben doch gegen die junge westdeutsche Mannschaft keine Chance, da die Spieler von Jena doch alle über 65 Jahre sein müssen, um rüberfahren zu dürfen."
Distel 1975

Eine Verkäuferin in einem Ost-Berliner Kaufhaus muß sich von einem Ehepaar anhören, daß im West-Berliner KadeWe alles besser sei. „Warum kaufen Sie denn nicht in diesem KadeWe?!" platzt der Verkäuferin schließlich der Kragen. Antwortet das Ehepaar: „Sie verleiten uns zur Republikflucht!"
Distel 1979

Eine junge Frau will sich „beruflich verbessern" und statt Redakteurin Fensterputzerin werden. Der Grund: sie „möchte etwas selbständiger arbeiten und einen eigenen Standpunkt haben".
„Sind Sie denn schwindelfrei?" fragt der Personalchef.
„Aber hören Sie mal. Ich arbeite seit zwanzig Jahren bei unserer Presse!"

Einem DDR-Sportler kommen bei internationalen Gehermeisterschaften Skrupel, ob er es wagen kann, einen sowjetischen Konkurrenten zu überholen. Er berät mit dem sowjetischen Kollegen zunächst einmal während des Wettbewerbs das Problem. Schließlich besiegt er den Russen dann doch im Endspurt. Einem Reporter erklärt er dann, wie er seine Skrupel überwunden hat: „Ich mußte plötzlich an den bekannten Ausspruch denken: ‚Von der Sowjetunion lernen, heißt siegen lernen!'"
Distel 1975

Ein Ost-Berliner Betrieb hat den „ehrenvollen Auftrag, den millionsten Besucher für den Tierpark zu stellen". Es muß natürlich ein in jeder Hinsicht vorbildlicher Arbeiter sein. Man hat bald einen gefunden, der hat allerdings in seiner Kaderakte einen schwarzen Fleck: eine Tante in West-Berlin. Schnell und unbürokratisch wird entschieden, daß der Schönheitsfehler dadurch beseitigt wird, daß man die Tante einfach für tot erklärt: „Morgen wird Sie ein Telegramm mit der entsprechenden Nachricht erreichen."
Sagt der ausgewählte Arbeiter: „Da kann ich dann aber auch nicht in den Zoo, dann muß ich zur Beerdigung nach West-Berlin."
Distel 1979

In einem auf dem Territorium der DDR befindlichen Gebiet kam es heute zu einem Vorfall. Es besteht der Verdacht, daß gewisse Personen Handlungen begehen, die in krassem Widerspruch stehen. Ruhe und Ordnung kamen niemals in Gefahr und sind inzwischen völlig wiederhergestellt.“

Potsdamer Kabarett am Obelisk in einer Glossierung der staatlichen Nachrichtenagentur ADN

DDR für Anfänger: Kleines Lexikon von Namen, Begriffen und Abkürzungen

Alex: Abkürzung für Alexanderplatz, zentraler Platz in Ost-Berlin.
Biermann, Wolf: Liedermacher und Lyriker, durfte nach einer Reise in die Bundesrepublik 1976 nicht wieder in die DDR zurückkehren.
Brigade: Bezeichnung für ein aus mehreren Arbeitern bestehendes Team, das nach produktionstechnischen Gesichtspunkten gebildet wird. Leiter der Brigade ist der Brigadier.
CENTRUM: großes Kaufhaus am Alex in Ostberlin.
COMECON: siehe RGW.
Datscha: aus dem Russischen übernommene Bezeichnung für ein Garten- oder Wochenendhäuschen.
„Distel“: Kabarett in Ost-Berlin.
„Eulenspiegel“: satirisches Magazin der DDR.
FDJ: „Freie Deutsche Jugend“, staatliche Jugendorganisation der DDR, der die Jugendlichen in der Regel von der 8. Schulklasse an angehören.
Gegenplan: Initiative, die die Arbeiter eines Betriebes ergreifen, um den Jahresplan zu überbieten.
GPU: Abkürzung für „Staatliche politische Verwaltung“, der berüchtigte Geheimdienst Stalins.
Grotewohl, Otto: (1894 – 1964), 1949 – 1964 Ministerpräsident der DDR.
HO: Organisationsform für den Einzelhandel.
Honecker, Erich: (*1912), Generalsekretär der SED und Staatsratsvorsitzender (Staatsoberhaupt) der DDR.
Imperialismus: von Lenin entwickelte marxistische Bezeichnung für die kapitalistischen Staaten des Westens.
Intershop: Handelsorganisation, die – zumeist westliche – Produkte gegen Barzahlung in westlichen Währungen an westliche Reisende oder DDR-Bürger verkauft.
Kader: Bezeichnung für Leitungskräfte aus den verschiedenen Bereichen der Gesellschaft.
Kaffeemix: Bezeichnung für ein in der DDR verkauftes Kaffeesurrogat, das u.a. auch Bohnenkaffee enthält. Bohnenkaffee ist in der DDR sehr teuer.

Kombinat: großes Werk, zumeist Zusammenschluß mehrerer volkseigener Betriebe unter einer einheitlichen Leitung.
Marxismus-Leninismus: offizielle Weltanschauung der östlichen Staaten, die auf den Lehren von Marx, Engels und Lenin aufbaut.
LPG: „Landwirtschaftliche Produktionsgenossenschaft", landwirtschaftliche Organisationsform, in der die Ackerfläche Eigentum der Bauern bleibt.
„Neues Deutschland": Tageszeitung, Zentralorgan der Staatspartei SED.
Norm: im Arbeitsleben die Festlegung des notwendigen Zeitaufwands für die Durchführung von Arbeitsgängen.
Palast der Republik: das repräsentative und mit allen technischen Finessen ausgestattete zentrale staatliche Gebäude der DDR.
„Pfeffermühle": Kabarett in Leipzig.
Pionierorganisation „Ernst Thälmann": staatliche Massenorganisation der Kinder. In ihr werden sie ab dem 6. Lebensjahr im Sinne des Staates erzogen.
Pieck, Wilhelm: (1876 – 1960), erster Präsident der DDR.
Plan: die Festlegung von volkswirtschaftlichen Wachstumszielen.
Politbüro: das höchste Entscheidungsgremium der SED; es wird vom Zentralkomitee (ZK) gewählt, ihm gehören etwa 16 Personen an.
Rat des Kreises: kollektiv arbeitendes Organ (Behörde), das im Kreis für die staatlichen, wirtschaftlichen, sozialen und kulturellen Aufgaben zuständig ist.
RGW: „Rat für gegenseitige Wirtschaftshilfe" (= COMECON), die Wirtschaftsgemeinschaft der sozialistischen Staaten.
SED: „Sozialistische Einheitspartei Deutschlands", Staatspartei der DDR, 1946 aus der Vereinigung von KPD und SPD entstanden.
Staatsrat: Organ der Volkskammer (Parlament), das u.a. die DDR völkerrechtlich nach außen vertritt.
Staatssicherheitsdienst: politische Polizei der DDR.
„Trabant": Kleinwagen der DDR-Automobilproduktion, volkstümlich auch „Trabbi" genannt.

Ulbricht, Walter: (1893 – 1973), ab 1953 Parteichef der SED, seit 1960 Vorsitzender des Staatsrates.
VEB: „Volkseigener Betrieb“, zumeist Mitglied eines Kombinats.
Volkskammer: Parlament der DDR.
Vopo: Volkspolizist, Angehöriger der Volkspolizei der DDR.
Zentralkomitee: ZK der SED, das höchste Leitungsorgan der Partei, das die Beschlüsse der Parteitage ausführt.